なぜコロナ禍でもマスク自由を推奨したのか

～校長・教員の安心が学校を支える～

著　原口 真一

監修　堀内 有加里（旧姓:上島）

アメージング出版

はじめに

ある会社で社長が社員に提案しました。

「今日の会議は、皆がより親密に話し合うために裸の付き合いをしながら進めよう。皆服を脱いで、タオル一枚持って会議室に集合すること」

性別への配慮をされたとしても、皆さんはどう思うでしょう。私には無理です。

では、これはどうでしょう。

「次の社員旅行は温泉に行って、裸の付き合いで親睦を深めよう」

若い人は銭湯の経験が少ないので少し抵抗があるかもしれませんが、私にはまったく問題のない提案です。

一方は、そんなこと恥ずかしくてとても無理と思うのに、もう一方は素直に受け入れられる。この違いはどこからくるのでしょう。「見えているもの」も「見せているもの」もまったく同じでも、受ける印象はまるで違います。

これは必然性の問題でしかありません。会議のために裸になる必要はありませんが、風呂に入るには服を着ているわけにいきません、たったそれだけの違いです。

私たちは、「事実＝見えているものと見せているものは同じ」に裏付けられた世界よりも、「概念＝各自が頭の中で構成したストーリーやルール」の中で生きていることの方がはるかに多いのです。日本人には特にその傾向が強く、所謂「世間の空気」と言える世界です。

そこから新型コロナウイルス感染対策を見れば、道を黙って歩いているときはマスクをしているのが当然でも、室内で会食をしているときにはマスクを外せる。つまり、外す必要がある場面では世間の目も許容してくれるだろうけれど、そうでないところで外すのは世間の目が許してくれない、という思いを軸に行動を決定しているのではないでしょうか。

そこには、感染対策やその効果は加味されていません。

そうした心理は、平常時であれば、集団で生きていく上で「生きやすさ」につながることも多いかもしれません。しかし、種の存続や自身の生命に関わるような緊急事態に遭遇したとき、事実から目を背け、ストーリーの中で重大なことを判断しようとすることは、時に決定的な過ちにつながってしまうこともあります。

新型コロナウイルスのパンデミックが話題になった2020年の初め頃から、私たちはテレビ画面を通して海外の悲惨な様子を見せ続けられながら、専門家と呼ばれる人達の意見を一方的に聞かされる日々によって、頭の中で強大なストーリーを作りあげていったとも考えられます。少なくとも私の周りの現実場面では、映像にあるような「人がバタバタ死んでいって、埋葬の間に合わない遺体が放置される」などという事実はどこにもありませんでした。

日本でも完全装備の医師達に囲まれた重症患者が、エクモにつながれている映像も見るようになりましたが、関連死や関連重症者の設定によって、多くの国民が事実を事実として見る機会を奪われてしまったように思います。国中の人々が戦々恐々と日々を過ごす様子が顕著になっていきました。

一方で、起きていることを科学で裏付けながら、「まずは落ち着いて事実を見つめよう」と声を上げる専門家らも多くいました。しかし、集団パニックとマスコミの報道がその多くを消し去り、誤ったストーリーの中で事実が歪められてしまったとしたら、最大の責任者は、ただただそれに乗ってしまった国民にあるかもしれません。

ですから、今こそ、時間によって明らかにされてきた様々な事実をもう一度振り返り、これまでの実践が正しかったのかを検証し、そこから新たな一歩を踏み出す必要があるのではないでしょうか。今回のパンデミック騒動が残した傷跡は、特に子ども達にとってはとてつもなく深いものだったと思います。

動物の中で、「自分もいつかは死ぬ」ということを知っているのは人間だけです。そこが他の動物と人間を決定的に分けている境界線であり、だからこそ、限りある命をどう使うかを必死になって追求していけるのです。

長きに渡って「寄るな、触るな、大声を出すな」と言われ続け、「死なないためにどう生きるか」を強いられてきた新型コロナの感染対策の是非を振り返ることは、大切な課題だと思います。

また、私も教育者であったが故、教育者こそが世間の空気を大きく変えていける力を持っていると信じ、一見すると時間のかかる回り道のようでも、まずはここから始めさせていただきます。

原口真一

一般社団法人 市民審議会について

２０２０年初頭、世界的に新型コロナウイルス感染症が流行し始め、欧米で新型コロナワクチンの開発が始まりました。我が国では、２０２１年2月14日に、緊急時であるとして海外で開発された新型コロナワクチンが特例承認され、同月17日から医療従事者への新型コロナワクチンの優先接種が開始されました。

その後、高齢者、職域接種、成人一般国民への接種が開始、同年6月からは12歳以上の未成年に対象が拡大され、蔓延予防を掲げた大規模な接種キャンペーンが繰り広げられました。しかし新型コロナワクチンは、ｍＲＮＡワクチンという遺伝子改変技術を用いた、歴史上、これまでに人類に対して一度も使用されたことがない遺伝子製剤であり、日本人における完全な臨床試験結果を待たずに、中長期的な安全性が確立されないまま承認されたものです。

一般社団法人市民審議会（旧　岡山・倉敷新型コロナウイルス感染対策市民審議会）は、看護師として大学病院の小児科で子どもたちの看護経験のある代表片岡徹也がこの事態に警鐘を鳴らし、有識賛同者の協力のもと、２０２1年6月に発足した市民団体です。片岡と共にＮＰＯで活動をしていた中村聡良、早期より岡山市や岡山県、議員に要望を伝えていた田村知加、西田美穂が加わり、２０２1年7月「子どもたちへの新型コロナワクチン接種の停止を求める署名」活動を開始、２０２2年4月に8万６４０名の署名と要望書を厚生労働省に提出し、翌5月にＷＥＢ面談にて要望を伝えました。

当会は新型コロナウイルス感染対策について適切な対応を検討し、テレビや新聞などで報道されない情報を共有するとともに、行政や議員に対して効果的に市民の声を伝え、適切なアクションを起こしてもらうこと、アクションを起こしやすい環境を作ることを目的としていました。

そんな中、「全国有志医師の会」や被害者や遺族をサポートする「駆け込み寺２０２０」、遺族会や患者会など、より影響力のある啓蒙活動をされている団体が増え、社会情勢も変わってきたこともあり、この出版サポートを最後に市民団体としての役割を終えることとしました。

寄付金の使途について

活動支援でいただいたご寄付の一部は、一人でも多くの方にワクチンについて知っていただくために、啓蒙活動に活用していただける団体へ引き継ぐことにしました。

同時に、ご支援くださった皆さんと一緒に次世代に広く種まきをし、形に残したい、特に子どもに関わる教育関係者に読んでいただきたい、という思いで本書の出版にかかる費用の一部にご寄付を活用させていただきました。

本書の利益および印税は全額、ワクチン被害啓蒙活動をしている団体などに寄付をし、被害者やご遺族への長い心の支援につなげたいと考えています。実際に寄付させていただいた団体は、発行元であるアメージング出版のホームページにてお知らせいたします。

本書出版にあたり、企画が何度か白紙に戻った経緯がありますが、著者原口真一先生の当会への長い支援と教育に対しての熱意、アメージング出版千葉慎也様の深いご理解と後押しで実現し心から感謝をしています。

なぜ多くの方が疑問を持たずに行動してしまったのか、教育に大きな問題があるのではないかという疑問から、本書を通じて、子どもに関わる全ての方々、特に教育関係者の方々に考えてもらうきっかけになっていただけたら幸いです。

一般社団法人 市民審議会

もくじ

第1章　教育者としての視点

第2章　校長として実践してきたこと

第3章　知識理解編

博士（臨床薬学）堀内（旧姓：上島）有加里 氏 監修

※本文中の注釈に一部短縮のＵＲＬを使用しております。

第1章　教育者としての視点

子ども達が見ている景色

コロナ禍の子ども達の目に「世界」はどう映っているのだろう？

２０２２年12月、その日、私は東京の街を歩いていました。

あくまで私の印象ですが、地方都市とは違い、ちょっと前の東京にはマスクをせずに颯爽と歩いている方がもう少しいたように記憶していました。もっとも、数ヶ月前の暑さを考えれば、熱中症リスクを踏まえてということもあるでしょう。

国やマスコミからも、「メリハリをつけながらマスクを外す場面も考えて」といった発信が増えていた時期でもあります。それから数ヶ月、冬の到来を思えば、気候のせいで着用者が増えたということも十分あり得るでしょう。

しかし、私の目には、都心でも画一化が加速し、一億総マスク時代に向けて一直線という感じに映りました。

こうした光景を目にしたとき、いつも私の頭をよぎるのは「子ども達の目線」です。「幼い子ども達にとってこの景色はどう映っているのだろう」ということです。

幼い子どもは、年齢が低ければ低いほど、外へ出るときには親に同行することが主になります。休みの日のレジャーでもなければ、多くは他の大人が行き交う空間に出かけていくことでしょう。そこで子ども達が見る景色は、そのとき私が東京で見ていた景色そのものです。まして、子どもの視野は大人に比べて決して広くありません。そんな子どもの目に、この景色はどう映っているのか。それを考えると、いつも胸が痛むのです。

この世では大変な病気が流行していて、ほとんど全ての人間が「自分は病気かも（危険な存在かも）しれない」と意識しながら、一方で「周りの人間も全て病人かもしれない」と疑い、恐れながら日々を送っている。いたる所で手指消毒をし、子どもにもそれが求められるのです。

そんな世界で、子ども達は「人間たるもの」を学び、そのイメージを定着させていきます。彼らが心の根っ子にそれを抱えたまま、これからの未来を生きていくとしたらなんと悲しいことでしょう。

オオカミに育てられた人間の子どもが、その後人間社会に戻されても、最後まで人間にはなれなかったという話は教育学では有名な話です。今では疑わしい報告だとされていますが、それはそれとして、子どもが環境に適応する能力を内に秘めていることを誰もが感覚的に知っているはずです。そうして一度定着した感性を、大人になってから変えることがいかに難しい事かも、よく分かっているのではないでしょうか。そんな驚くべき能力を持った人間の子どもが、コロナ禍の３年間を通して成長してきました。自分を不浄の存在だと思い、一方で他人を恐れ続ける能力を全力で獲得しながらです。

「他人を信頼し、世の中を愛しみ、明るい未来を夢見て」と、そんな人間にはもう戻れないかもしれません。マスクを外せない子ども達を生み出してしまった大人の責任は、重いと言わざるを得ません。

大人達、特に日々子どもに接する教育者なら尚更、こうした思いを踏まえた上で「健康な自分がマスクをしている姿を子ども達に見せ続けられるか？」を再考していただきたいのです。あなたも、その子が見ている景色の一部だということを常に意識することで。

人は、死なないために生きているわけではありません。不安や恐怖がそうした生き方を強いるなら、それは「後ろを向いて立ち止まること」に等しい選択だと思います。本当の意味で「生きる」というのは、ときには危険覚悟の上でも「どう生きるか」を追い求めていくことであって、それこそが「希望を胸に前を向いて歩み続けること」ではないでしょうか。

大多数の子どもが最も成長盛んな時期を過ごす場所が学校です。学校こそが最も夢と希望に溢れた美しい場所でなければならないと、私は強くそう願っています。

校長の機嫌が悪いのは犯罪（住田校長）

校長が不安と恐怖を軸に学校経営をしたとしたら？

ドキュメンタリー映画『夢みる校長先生』（オオタ・ヴィン監督、まほろばスタジオ）に出演している住田昌治氏（横浜市立日枝小学校の元校長先生）のキメ文句は「校長の機嫌が悪いのは犯罪です」。

校長の機嫌が悪いと職員の機嫌が悪くなり、それは子ども達に伝染していく。子ども達の機嫌の悪さは、それを感じ取った保護者に学校への不信感を募らせ、学校と保護者の信頼関係が揺らいでいきます。そうやって学びの環境は益々悪くなるのです。

学校は「子どもファースト」であるべきなのに、たった一人の校長が向かう方向を間違っただけで、子ども達に大きな損失を招いてしまうのです。

ちょっとした油断がその環境を大きく崩してしまうことを、教育者は常に意識しているべきだと住田校長はおっしゃっています。そして、そのことを一番強く心に留めておくべきは、他ならぬ校長だと。


校長が不安を抱えていたらどうでしょう。校長の多くが、コロナ禍でこうした感情に縛られていたとしたら。

今後同じような事態が起きたときのためにも、その不安はどこから来るのか、ここでもう一度振り返ってみるべきではないでしょうか。その根っ子にあったのは「わからない」ということだったと、すぐに気付くはずです。

何かを恐れる気持ちは心を硬直させ、固まった心は子どもの達の成長を大きく妨げるもとになります。何の屈託もなく、元気いっぱい、大きな声で笑いながら駆け回る子どもの姿を想像してみてください。心の内側から成長のエネルギーが満ち溢れているのが見えるようです。

一方、教員の方に目をやれば、恐怖心は人をパニックに誘導し、冷静な判断力を失わせてしまう魔力を持っています。判断の誤りは、そのまま子ども達の環境悪化につながるでしょう。

アフリカのサバンナで草を食んでいるシマウマの群れを想像してみてください。何十頭と集まって、様々な方を向いて草を食んでいます。これは、いつどこから肉食獣が襲ってきても、誰かが気付くことで一斉に逃げるための本能でもあります。

群れの中の一頭がライオンに気付いて突然逃げ出すと、その急激な反応に驚いた周りの仲間達も一斉に逃げ出せるということですが、このとき、ほとんどのシマウマは、実際にはライオンの姿を見ていません。周りの動きにただ反応して行動を起こし、見えない敵から逃げようとしているだけです。身の危険を感じてパニックに陥った結果、シマウマの中の何頭かが餌食になります。

草食動物が群れを作るのは、単独では肉食獣の攻撃に太刀打ちできないためですが、突然パニックを引き起こす危険性と隣り合わせにあります。それを回避するには、全体を見て冷静に判断し、的確な指示を出すリーダーが必要になってきます。ただ、シマウマはそこまで進化はしていません。

人間も弱いが故に群れる動物ですが、長い進化の中で知恵を身につけてきました。

私達は、パニックが判断力を奪ってしまう危険性を頭で理解し、克服して生き残ってきたのです。長く生き残って大きくなった集団には、いつも冷静な判断力を持ったリーダーがいました。


では、コロナ禍での学校はどうだったでしょう。私には不安が蔓延する空間に見えることが多々ありました。

それはなぜなのかを探るためには、まずは立ち止まって、そうした空気感がどこから来ているのかを、冷静な目で見てみることから始めるべきです。

根っ子にあったのは、「わからない」ではないでしょうか。未知なるものを前にすると、人は迷い、心の中は不安で満たされてきます。まして、相手が命に関わる感染症のようなものだったら尚更でしょう。

未知が恐れを招くなら、そこから脱するためにすべきことは、その元凶になっている物事について多くの情報を得て、そこから知恵（対処する術）を得る努力を重ねていくしかありません。

更に、情報は多いに越したことはありませんが、その中から信ずるに値する情報を最後に選択するのは自分しかいません。ですから、組織のリーダーたる管理職には、他の人間よりも更に厳しく、見識の深さや思考する力が必要になってくるでしょう。校長が何を信じるか、その影響は多くの職員、生徒、家庭にまで伝搬していくことを自覚しておくことは重要なことであり、そうした重責を担っていてこその管理職です。

未知が解けてきて、理解が深まり、対策の兆しが見えてくれば、校長であるが故のやりがいも感じられてくるはずです。その時々において「責任者として決断できる経験」は誰にでも与えられているわけではありません。

安心感が得られれば、その事に対処する方法もよく見えてくるでしょう。対処法が解ってくれば、安心感もまた確かなものになってきます。

「不安↓恐怖↓パニック↓不安…」といった負のスパイラルが逆転すれば、**「未知↓理解↓対処法の検討↓安心↓理解…」**の連鎖に変わってきます。

結局、本当の解決策は調べることでしか見つかりません。一国一城の主が、心の軸を「世の中の空気感」に委ねてしまったら、職員以下多くの人達が、進むべき道を見失ってしまうことになります。

「主体的・対話的で深い学び」が目指すもの

「問《とい》」を持つことから出発する

十数年前から、日本の教育は大きな変革に取り組み始めました。

これからの時代を生き抜くためには、それまでの日本教育で主流だった「知識の習得」よりも、「知恵を磨く」ことで得られる力が必要だという考え方です。

学習の先に、「たった一つの答え」を求めるのではなく、一人ひとりが自分なりの

「最適解」を見つけることに努める、あるいは、その解に至るまでの過程を重視することが大切です。そのために求められたのが「どんなことにも〝問《とい》〟を持てるか」であり、問こそが学びの原点なのです。

そうして、「主体的・対話的で深い学び（アクティブラーニング）」が掲げられました。私も、この考えに賛成ですし、重要な考え方だと思っています。

そこで本題です。この国で行われてきた感染対策に、大人の皆さんは何の疑問も持たれなかったでしょうか。私には疑問だらけでした。

教育改革の謳い文句「主体的・対話的で深い学び」の中に「・」が入っているのは、「主体的」は、その後の文言「対話的で深い学び（他者と議論をしながら学びを深めていく）」と並んでいるのものではなく、それらの基盤となるべきものだということです。

この主体的というのが日本人には最も苦手なことで、小中学生も例外ではありません。だからこそ、そこが最初に協調されたのでしょう。原因の一つは自己肯定感の低さだと言われてきました。まずは自分の中にゆるぎない軸がなければ、主体的に考えることなど不可能です。

しかし、文科省などが学生を対象に、実施してきたアンケート[1]の結果を、諸外国の若者のそれと比較すれば、差は歴然としています。日本の子ども達の自己肯定感をいかに高めるかも、教育界が抱えてきた大きな課題の一つです。

そして、「対話的で深い学び」を進める上で示されたことが、「他者の意見も含めながら

1・文部科学省アンケート
https://www.mext.go.jp/b_menu/shingi/chukyo/chukyo0/gijiroku/__icsFiles/afieldfile/2017/06/23/1387211_08_1.pdf
・内閣府「特集1　日本の若者意識の現状～国際比較からみえてくるもの～」
https://www8.cao.go.jp/youth/whitepaper/r01gaiyou/s0_1.html

〝科学的根拠〟に則って〝論理的〟に思考すること」でした。

教育現場でも、「エビデンスに沿って（科学的根拠によって）」とか「クリティカルシンキングで（感情や主観に流されず、批判的視点で考える）」とか「ロジカルシンキングを（論理的思考）」という言葉が日常的に飛び交っていました。答えは人それぞれであり、一人ひとりが自分なりの最適解を見つけ出すことが求められるようになってきたのです。

さてここからは、これまでに学校が強いられてきた感染症対策に関することです。

重要なことは、各人が自分でとことん調べ、考えた先で「自分にとっての最適解」を導く努力を重ねてきたか、ということです。

そのためには、できるだけ感情を廃することが求められます。コロナ禍では、多くの国民が一種のパニックに陥ってしまい、冷静な判断ができない状態にありました。不確かなＰＣＲ検査や関連死の採用に疑念を抱かなかったのはなぜか、問を持つことの重要性をあれほど発信していた教育界も状況は同じに見えました。

ここからが私の「問」です。

私が最初にマスコミや国、自治体の発信に疑問を持ったのは、パチンコ店が批判の的にされたことからです。

当時の厚労省は、「今回のウイルスは接触と飛沫が主たる感染経路で、空気感染はほとんどないと考えられる」と公表していました。だったら「全員が無言でマスクを着け、同じ方を向いて消毒の行き届いたパチンコ台で遊んでいるこの場所の、いったいどこに感染経路があるのか？」と思ったところです。

社会全体が「科学的根拠」ではなく「感情的解釈」によって動いている、一種のパニック状態ではないか？　「こんなときにパチンコなんてやっている場合か」とでも言いたげな対応（世論誘導）に、「まるで戦前のようだ」と思えてなりませんでした。私も個人的にパチンコは好きではありませんが、それとこれとは話は別です。

実際、少なくとも初期の段階では、パチンコ店から感染が広がった例はほとんどなかったはずです。

また、「三密」が声高に叫ばれるようになり、スーパー等で「レジでは前の人と間隔をあけて」といったことが誇張され出したときも、「無言でレジに並んでいる人がどんなに詰めて並んだとしても、空気を介しての感染ができないウイルスがどうやって伝播するの？」との疑問がすぐに浮かびました。明らかに冷静さを失っているし、国や自治体から発信されていることのどこまでが信じられる情報なのか、と。

私がそのことにこだわったのは、人が集まっただけで「否」との考え方は、「教室には、一度に何人の生徒が入れるの」という、学校にとっては極めて重要な課題に直結し、そうなったら「学校でできること」も激減してしまうからです。行動の質も限りなく低下してしまいます。

「感染対策」と「学びの質」はトレードオフの関係から逃れられません。１００％の対策を選んだら、答えは「学校へは来るな」しかありませんし、学びの質の確保を最大限生かそうと思ったら「感染対策なんてしなくていい」になります。その間に無数に存在する「落としどころ」を決めるのは、校長の責務なのです。

できるだけの対策を講じながらも、学びの質の低下も最小限に留めるためには、この感染症について学ぶしかないとの思いが募っていきました。

そうは言っても私は医科学の専門家ではありませんので、数々の情報や知識は何名もの専門家の方々からいただくしかありませんでした。

軽々しく物事を信じることは悪である（ウイリアム・クリフォード）

「国は絶対に間違わないと思いますか？」「国の言うことを全て信じられますか？」の問いかけに、多くの国民が「Ｙｅｓ」と答えたとしたら、ナチス政権下で戦争に突入していったときのドイツ同様、日本は極めて危険な状況かもしれません。歴史を見れば国は何度も過ちを犯してきましたが、実際に国の背中を押してきたのは、一種のトランス状態に陥った国民でした。「国の過ちは国民の過ち」だと言ってもいいと思います。

そして、簡単に物事を信じる意識は驚く速さで伝搬していきます。「国を信じるも信じないも個人の勝手でしょう」と言って済ませるわけにはいきません。社会の一員である大人が何かを信じるときには、「信じるための責任」も伴ってきます。

そうした側面からコロナ禍の日本を見たとき、私には明らかに冷静さを失った状態に映っていました。マスク警察や県境問題、ワクチンへの殺到と、どれをとっても個々が自ら調べ、熟考し、判断、行動していったとは到底思えないほど、あらゆる場面で「激烈な反応」を目の当たりにしてきました。

そこで、2022年10月に國部克彦氏（神戸大学大学院経営学研究科教授）が上梓された『ワクチンの境界 ―権力と倫理の力学―』（アメージング出版）をもとに、「信じることに紐づく責任」について、私なりの解説も加えながら考えていきます。

國部氏は、今回の新型コロナ騒動を、医学や科学というより、ご自身の専門分野である経営倫理の観点から、倫理学を基盤に解説しています。「ワクチンを打つ自由はない」に集約される一連の論述には、人間の生き方の根源に関わる重要なヒントが詰まっています。

『ワクチンの境界』の上梓を受けて取材に来た多くの記者が、國部氏の「ワクチンを打つ自由はない」の言葉に強く反応したと聞きました。

私も初めてこの言葉を聞いたとき、とても新鮮な啓示を受けたのを覚えていますが、その意味する芯の部分を感覚的に理解することはできても、論理立てて説明できるかとなると、そう簡単にはいきませんでした。

この論述に最初に出会ったのは2021年10月1日、國部氏が『ｎｏｔｅ』に投稿した文章においてです。以下、抜粋して引用させていただきますが、語尾の変換や中間部の省略、多少の加筆も含めますので、文責は私にあることをお伝えしておきます。

「リスク社会とワクチンの暴走（7）「自由」という言葉に惑わされない」

行動する根拠を問い詰めていくと、それは「自由」の問題だとして議論を打ち切る人たちが出てきます。「勝手にしろ」というのがその典型ですが、ワクチン論争では「打つのも、打たないのもその人の自由」という一見正しそうなロジックが出てきます。

これに対して「だから、打たない自由も認めて」と言ったらそこで終了です。そんな卑屈になってはシステム（※）の下僕になってしまいます。自由は獲得するものであって、認めてもらったものは自由ではありません。そんな「自由」はすぐに取り上げられます。

（※）國部氏は、社会の動きを左右しているのは「一定の個人」というより、国や社会に流れるシステムのようなものだと言っています。

そうではなくて「何も分からないのに打つ自由はあるのですか」と問い返さないといけません。民主主義の世界に住んでいると思っている人たちは、自由と言われると極端に弱くなりますが、自由を行使するには責任が伴います。責任の伴わない自由などありません。ここで言う責任とは、その行為について自分自身が徹底的に調べ、その上で「自ら納得したことだけ」が行動に移せるということです。

19世紀の哲学者クリフォードは、「軽々しく何かを信用して行動するのは悪である」と断言しています。しかも、信じることによって「疑問を封じ込めたり、質問を妨害したりするものは、何世紀にもわたって決して消し去ることのできない冒瀆の罪を犯したことになる」とまで述べています。

なぜクリフォードは、ここまで厳しい口調で非難しているのでしょう。新型コロナワクチンをめぐる現状を見れば良く分かると思います。ワクチンをめぐっては、どれほど多くの正当な疑問が封じ込められ、質問が妨害されてきたでしょうか。

政府や専門家の本当に稚拙で不正確な回答や、SNS運営会社の横暴を見ればよく分かります。そのことによって人類に刻み込まれた深い傷は、何世紀にもわたって決して消し去ることができないものとなるでしょう。

したがって、私たちは「何も知らないのに打つ自由はない」とはっきり言わなければなりません。何も知らないのなら打ってはいけないのです。私たちは、人類として、自分が納得できるまでは打たない義務があります。

しかしそうすると、「接種しないで感染が増えたらどうしたらよいのか」と聞いてくるかもしれません。そうなると初めて議論が成立します。これまでの流れをみていると、多くの学識者がいくら議論をしようとしても、国や大手マスコミのほとんどは「デマ」の一言で逃げるばかりで、議論のテーブルに乗ろうともしないできました。議論をしたくない相手を議論に引き込む唯一の方法は、相手に質問をさせることです。ここまでくれば、システムが一歩譲歩し、議論の場ができたと考えてよいでしょう。何も考えずに行動する人たちこそシステムの最前線なのですから。

そのときどのように答えるのかは、このコラムでは議論しません。ワクチンのことが心配で、ここまで私のコラムに付き合って頂いた皆さんなら十分に議論できるはずです。そのとき、特に方法はありません。自分の思っていることを相手に伝え、掘り下げていけばいいのです。

その結果がどうなるかはわかりませんし、最終的に説得できなくても、相手と議論になったことが重要です。抵抗しなければならない相手に、こちらから議論を仕掛けてもあまりうまくいきませんが、相手が議論しようとしてきたら、そこが突破口になるのです。

このような試みを地道に繰り返せば、主張が自然の摂理にあっていることなら、うまくいかないはずはありません。一人が一人と議論して、突破口を次々開けていけば、世界は突然変わります。

ただ、勘違いしてならないのは、私は、ワクチンを打つことを否定したり批判しているわけではないという点です。よく考えずに行動したり、他人の指示に従ったりする行為を批判しているだけで、それは、その行為が全体主義のシステムの本質であり、それが私たちの本当の敵であって、私たちを苦しめているものの正体だからです。

引用：國部克彦氏『ｎｏｔｅ』　https://note.com/kokubu55/n/nde2cbb391d24

いかがでしょう。

ここで語られた重要なエキスが、皆さんにはどの程度まで理解できたでしょうか。私がこの文章に出会ったときは、まだ自分のものにはできていなかったと思います。

ちなみに、この考え方は2021年9月30日の記事「リスク社会とワクチンの暴走(6)科学論争からは入らない」[2]の中で語られた、「人間は軽々しく物事を信じるだけで罪を犯していることになる」とセットになって落とし込まれるものです。

要は「軽々しく信じて(あなたが)おこした行動によって、周囲の誰かに影響が及べば、それがその人を危険にさらすことだってあり得る。故に、信じるときには、それに足るだけの学びをする(調べる)ことが、自由の前に課される責任である」。こんな主旨です。「そう考えたら、これほど情報は不足しているワクチンなんて、そう簡単には受けられないでしょう」と國部教授は述べています。

ここで押さえておくべき大切な点は、「信じることの是非は、対象が正しいか正しくないかという問題とは別で、あくまでも信じるまでのプロセスが重要」ということです。物

2 國部克彦氏「note」https://note.com/kokubu55/n/n815c5bb11799

事の正否は最終的には誰かの解釈に影響されるものであり、それはどこまでいっても主観でしかありません。いずれにしろ、この考え方を特に意識していくべきは、国の行く末を担う政治家であり、感染症に関わることなら医師であり、そして、児童生徒の今や将来に深く関わる教育者なのは確かです。

教育者であるあなたが、マスクの効果を軽々に信じ、子ども達に必要以上に着用を強いたことで、その子に後々まで関わる健康被害をもたらしたとしたら、あるいは、教育者自身も過剰に着用を続けている景色が、子ども達の過剰な不安や恐怖を助長し続けていたとしたら、教育者に責任はなかったと言い切れるでしょうか。

教育者自らが、実態がわかっていないワクチンの接種を、「国が大丈夫だと言うから」だけで受け入れたとしたら、その空気は確実に児童生徒にも伝搬していくでしょう。そして、本当は受けたくなかった子どもも、それに背中を押されて接種してしまった結果、数年後に致命的な不具合が明らかになったとしたら、教員に責任はなかったと言い切れるでしょうか。

厚労省はもとより、製薬会社も「5年後、10年後のことはわからない」と言っているのは事実なのです。ナチス政権下で起きていた「凡庸な悪（軽々しく信じることの罪）」が

「他の凡庸な人達の生命を危機にさらす」というのとまったく同じ構図です。
最後に、やはり『ワクチンの境界』から、ウイリアム・クリフォードと、もう一人、ナチスドイツについて研究した、ハンナ・アーレントの発信を抜粋編集して、「民主主義国家にとって重要な視点」を補足しておきます。

人々が十分な検証もせずに、軽々しく物事を信じてしまうことは、人類に対する「冒涜の罪」である。なぜなら、「詳しく確かめ、調べる習慣」を失うと、誤った根拠を是正する機会も失ってしまい、誰かの号令ひとつで簡単に動いてしまう社会が生まれる。批判的思考の訓練ができていないと、為政者に追随するだけの従順さしか身に付かず、民主主義国家の基盤が揺らいでしまう。あやふやな根拠で何かを信じてしまう人が大多数になれば、号令が間違っていた時には大変悲惨な事態を招くことになる。最たるものは「戦争」だろう。そうした悲劇に人類は何度も巻き込まれてきた。

（ウイリアム・クリフォード）

ナチスドイツ下での人々の行動は、当初二つに分かれていた。一夜にして考えを変えた人達は、自らの考えを持とうとしなかっただけであり、もともと悪意があったわけではない。単に「凡庸な人達」だった。しかし、国の流れにただ乗ってしまったことで「凡庸な悪」が膨らみ続け、結果として収拾がつかなくなっていった。一方で、最後まで抵抗した人達は、自ら「思考すること・判断すること」を望んだ人達だが、ナチスが過激化する中で、彼らは「無責任な人々」とのレッテルを貼られていった。本来は、習慣に従う人々より信頼できるのは「疑問を抱く人、懐疑的な人々」である。それは、懐疑や疑念こそが、物事を吟味し、自分で決心するために使えるからであり、どんなことが起ころうとも、生きている限り、自己のうちの自己とともに生きなければならないことを知っていることが、最善の道なのである。

（ハンナ・アーレント）

一夜にして考えを変えた人達にとっての責任ある行動は、「国からの要請に忠実に従うこと」であり、それ故、国の指示に従わない人達は「嫌悪すべき無責任な人達」と映ったのでしょう。同じような状況が、コロナ禍の日本でも起きていたと言えないでしょうか。

シビアな課題を提示されたとき、たとえ「とりあえず」であっても聞く耳を維持しておくことは簡単ではありません。しかし、コロナ禍での国の現状を見たとき、教育者の気付きが担う役割はとてつもなく大きいと感じていました。

子ども達が（現時点で）「凡庸な悪」であることはやむを得ませんが、教育者がそうであることは、やはり許容するわけにはいかないと思えてなりません。

右脳を鍛える

目が見えないことは悲しいが、
見える目で何も見ようとしないことはもっと悲しい
（ヘレンケラー）

「調べること」の利便性は、ほんの少し前と比較しても今は格段に向上しています。
ただ、情報を集めること自体は容易になっても、集まってきた膨大な量の情報の中から、真に価値のあるものだけを拾い出すとなると、決して簡単なことではありません。

そこから先は「選択する人の思考力」が問われることになります。

十年以上前に始まった教育改革の中では、常に思考力を軸に研鑽が重ねられてきました。自分で調べることから始めて、他者の意見や考えも一旦は受け入れ、咀嚼し、最終的に自分なりの考え(最適解)を確立していくことです。

別項でも書いたように、カギになっていたのが、多面的で多角的な視野を持ちながら、科学的根拠に則って、論理的思考を重ねていくことでした。得た情報をふるいにかけるには、それしかありません。

そうしたことを、日々子ども達に伝えているのは教員なのですから、教育者は思考することのプロでなければなりませんし、そのリーダーである校長は玉石混交の中から玉を見つけ出す力においても、更に高い力が要求されるのは当然です。

しかし、どんなことでも出発点は意欲と意志です。教育者としての使命感や教育愛があってこそ、スタートできるのです。

ヘレンケラーが言った言葉を、教育者は常に心に留めておくべきだと思うのです。

私が学校経営構想の中心に置いていたのはシンプルにただ一つ、右脳を鍛えることでした。全ての出発点は意欲だと思っていたからです。

子どもは「遊ぶな」と言っても遊びます。それが危険な遊びだったら、親に隠れてでも遊ぶことさえあります。危険という点には賛否あるでしょうが、子どもが遊ぶことに理由なんてないということです。そこには「したい」という意欲があるだけです。

「学びだって核心に迫れば遊びと同じ」と思い、取り組んだのが右脳を鍛えることでした。

意欲は感性によって誘発されるものであり、感性は右脳が担っているとの考えからです。何かを目にしたり、体験したりしたとき、「スゴイ！」「オモシロイ！」、あるいは「きれい！」「不思議！」という感情が起こったとしたら、すでにその子の中には「それが何を意味しているのか」「自分はなぜそう感じたのか」という疑問が芽吹き始めているはずです。そんな興味・関心から出発できれば、子どもは勝手に学び始めるかもしれません。親に隠れてでも学ぼうとしたことなら、それこそが本物だと思うのです。

大人はそれをじっと見守りながら、必要なタイミングで少しだけ支援をしてあげたり、ときには共に学んだりしながら寄り添っていければいいのです。

さて、右脳の刺激でスタートした学びも、そこからは左脳の出番です。「なぜそうなのか」を探っていくには、科学的思考や論理的思考がカギになってくるからです。ただし、更に何らかの気付きや新たな発見があれば、またしても右脳の出番です。「なるほど！」や「わかった！」という驚きや喜びは、やはり感性を担う右脳が活性化されていてこその成果でしょう。そして、その驚きや喜びが「まだまだ…もっと先を見てみたい」という意欲に、つながっていきます。

この「右脳（意欲）↓左脳（思考・学習）↓右脳（喜びや驚き）↓右脳（新たな興味・関心）↓右脳（意欲）…」の循環ができれば、その子にとって学びは遊びと同じになっていくに違いありません。

もともとの日本の学校教育は「左脳を鍛える教育」の方が得意分野でした。教員から生徒への一方通行である講義形式が多く、子ども達には、与えられた問題に対する一つの答えをできるだけ効率よく導き出す力が求められてきました。それは自分で考えることとは違って、与えられたスキルを上書きしていくだけの作業に近い印象があります。

その積み重ねによって、「なぜ？」「どうして？」をあれほど連発していた子ども達が、小学校の学年が上がるにしたがって、学習はつまらないものであり、苦しくて辛いものに変わっていってしまう、そんなふうに思えてなりませんでした。本当の学びには到底届きません。国もそれに気付いたからこそ、教育改革で目指されたのが「アクティブラーニング（能動的学習実践）」だったのでしょう。能動的とは自分から向かっていくということですから、意欲そのものです。

これまでの教育現場で積み重ねてきた左脳領域の学習には歴史がありますから、その中から羅針盤を探そうと思えばいくらでも見つかります。

ところが、右脳を鍛えるにはそうはいきません。そもそも右脳は感性に関わるところですから、「〇〇の仕組みを理解して」とか「〇〇のやり方を覚えて」ではなく、シンプルに「感じて」といった領域です。頭を働かせる方は数値化して見やすいこともありますが、心を動かす方はそう簡単に見えないこともあります。外交的で感情を表に出すタイプの子どもであれば比較的わかりやすいですが、じっと固まっているように見えて、実は胸の内はグルグル回っている子どもだっているかもしれません。

それを仕掛ける具体的なやり方が簡単に見つかるわけではありませんが、それでも教員という立場だからこそできるチャレンジによって、目の前の子ども達が伸びていく姿を実感し、強く明るく成長していく時間を共有できる喜びがあります。私の右脳の活性化を担ってくれたのは、まさに子ども達の姿そのものでした。

コロナ禍が襲ってきたとき、私が猛烈に調べ（学び）始めなければならなかったのは、こうした取り組みが止められてしまうかもしれない、との危機感からでした。「学びを止めるわけにはいかない」ということが「調べ始める動機や意欲」になり、その先で「感染対策として何をどこまでをやっていれば、学習実践では何がどこまでできるのか」を探る必要があったのです。

そうやって得た情報の中から信頼に値するものを拾い上げていくには、校長としての自覚と思考力が試されることとなるわけですが、それでも学校経営上の大切な判断をしなければならないとき、自校ならではの状況について一番わかっているのは、国でも自治体でもなく、自分しかいないのだという自覚によって確立していくしかありません。物事を判断する上で、細かい状況など加味できない外部者の判断を優先してしまうのは、大きな危険性があるからです。

「目が見えないことは悲しいが、見える目で何も見ようとしないことはもっと悲しい」

見ようとする意欲は、感性（右脳）が働いてこそだと思っています。

「自分も感染していると思って他人《ひと》に接しなさい」と「感染しない・させない」が意味するもの

「自分も感染しているかもしれないと思って」は、一見すると、周囲を思いやった素晴らしい考え方のように聞こえます。しかし、ちょっと深読みすると、「自分は他人の健康を脅かす存在かもしれない」、「自分はけがれた者かもしれない」と毎日思い続けて生活しろということであり、裏を返せば「他人を見たら感染者と思いなさい」という考え方にも直結します。これは、子ども達の成長を支える上で最も基礎となる「自己肯定感と他者尊重の育成」と真逆の取り組みではないでしょうか。

更に、「感染しない・させない」に目を向けさせられれば、子どもの心の中に「感染=悪」が定着していきます。いくら「悪いのは人間ではなくてウイルスです」「感

染者への誹謗中傷や差別はやめましょう」と注意喚起されたところで

「感染した人　↓　ちゃんと対策をしなかっただらしない人　↓　危険な人」

「感染させた人↓　配慮が足りなかったいいかげんな人　↓　悪い人」

との考えが浸透しても不思議ではありません。これまでに「感染者」のレッテルをはられたことで、辛い思いをした人がどれだけ多かったか、思い出してみればわかると思います。

「自分も周りも危険な存在なのだから、他者には近づくな、集まるな、しゃべるな」から始まったコロナ禍では、街に出れば至るところにビニールシートが下がり、他を恐れ、周囲を疑う空気が満ち溢れていきました。健全な教育環境とは真逆の状況ですが、それがそのまま学校にも入り込んできました。

幼い子ども達の心に恐怖が刷り込まれてきた3年間を、どうやって取り戻してあげられるでしょうか。

2021年3月末日に定年退職するまでの約1年間、様々な困難と向き合いながら学校経営を任されていました。何をどうすれば目の前の子ども達に健全な学びの機会を担保してやれるかを目指して、多様な人脈から情報を集めては考え、そこから得た思いを子どもや保護者、地域や学校関係者にも伝え続ける日々でした。

何より見落としてはならないのは、社会の末端で、静かに、でも心の奥では確かに「悲痛な叫び声」を上げている子ども達です。

「いいから黙ってマスクさえしていればいいんだ」と言われ続けた中で、子ども達が失ったものの大きさは計り知れないと思っています。目の前で子どもを見てきた教育者であれば、誰よりもその叫びも聞こえていたはずです。

しかし、どうにもできないでいたのも理解できます。多くの学校で、子ども達の心が壊れてしまう危機感を抱いたものの、世間の空気に抗うことなどできなかったでしょう。日本の学校は、外圧に対して決して強い組織ではありません。何かあったら学校組織そのものに責任の目が向けられるので、学校も犠牲者だったのかもしれません。

それでも、対策を強化すれば、それだけ学びの質が失われていくことは確かです。そのため、この感染症のことをしっかり見つめ、様々な可能性を想像することで、何が必要で、何がそこまで必要ないのかを判断しながら付き合っていってほしいと、子ども達にも何度も投げかけてきました。

地域毎の実態（感染状況）をリアルタイムで把握しておくために役立ったのが東洋経済オンラインの「新型コロナウイルス国内の感染状況」でした。特に、日々更新される実行再生産数を追うことは日課になっていました。

当時の実態を見渡すと、不透明な関連死者数名の報告を除けば、十代では死亡者・重症者ともにほぼ皆無でしたから、子ども達にまであらゆる場面でマスク着用を強要し、友達に触れることも、近くで話すことも許さないといったやり方は「落としどころが違うのでは」と思っていました。危険度に対して失うものがあまりに大きいことへの疑念です。

私の答えは、子ども達にかける言葉は、「感染しない、させない」ではなく、「感染しても大丈夫だよ、仕方ないよね」でした。無症状者を含む陽性率ばかりが高いウイルスなんて、それこそ、いつ、どこで、どううつるかわかりません。

行事という行事を犠牲にし、ギスギスした人間関係を作り上げるような、かくも厳しい対策を講じなければならないほど、この感染症は危険ではない、との着地点です。もちろん、リスクはゼロにはできません。あくまで「落としどころ」としての判断です。

2022年に入ったあたりからは、世の中は少しずつ変わりました。テレビを見れば、密室のスタジオの中で大した距離もとらず、皆がノーマスクでワイワイガヤガヤやっている光景も目立ちはじめました。しかし、学校ではるかに厳しい条件をクリアーすることがなおも求められていました。

感染症に対してゼロリスクしか求めていないマスコミに頻出していた専門家にも、国や自治体の政治家の方達の多くにも、「子ども達の叫び」は届いていなかったでしょう。

子どもの心の成長には、それぞれに適した時期があります。今やらなければならないことは、よほどのことがない限り後回しにはできません。数年後、数十年後に、子ども達の心身に大きなツケが回ってきても、誰も責任を取ってくれることはないでしょう。この3

年間で貴重な乳幼児期を過ごした子ども達が、人の表情も読めず、やがて「口のない人の顔の絵」を描くようになっても、共に悲しんでくれるとは到底思えません。

親や教育者、一番近くで子どもに関わる大人が、「目の前の子どもを最後に守れるのは自分しかいないんだ」ということを、いつも心に持って接することがいかに重要かを汲み取り、「自分も感染していると思って他者に接しなさい」の衝撃から、子ども達の純粋な心をどうやって守れるか、いつも心に留めておくことが大切です。

脳にも内臓にも、適した時期に適した成長ができなければ、後では取り返しのつかない機能がいくつもあることも、後半の「知識理解編」で記述します。

「空気感」を作った最初の人は誰なのか

学校が、あらゆる感染対策をしていた背景には、社会全体の空気感がありました。逆に社会の大人達、特に保護者の多くが過度に神経質になっていった裏には、学校の徹底した感染対策が強く影響したとも考えられます。

学校には、複数の子どもがそれぞれの家庭から集まってきます。一人でも陽性者が出れば、社会から激しい非難を受けるような状況でしたし、小さな地域ではちょっとしたパニックに発展することだってあったでしょう。未知なる感染症に恐れている家庭からの激しいクレームも予想できました。

「子どものことを思っているからこそ、危険な感染症から守ってやらなければ」といった声を何度も聞いてきましたが、果たして本当にそうでしょうか。

新型コロナはとても危険な感染症である根拠として、「国やテレビが言っているから」「世の中の空気（理解）がそうだから」といった他者軸の考え方以外に、自分がその確信に至った自己軸の根拠があったかどうか、もう一度自分に問い直してみていただきたいのです。

そこには、目の前の子ども達の健全な成長がかかっているのですから。

子どもが、学校で常時マスク着用を強いられていることに危機感を抱いた親が、「対応を変えてほしい」と願い出たとき、校長からは「私達は公務員なので、上からの指示に対してはどうすることもできない」と言われ、その足で教育委員会に行くと、そこでは「校長の判断なので」と言われてしまいます。典型的なたらいまわしだったという話をたくさんの保護者から聞きました。

結局、責任の所在はどこにあったのでしょう。コロナ禍では、新型コロナが指定感染症1・2類相当にまで位置付けられていたため、微妙に異なるところもあったようですが、原則として学校内の諸々を決めるのは、最終的には学校長です。

もちろん地方公務員である以上、上からの指示に従う義務はありますから、感染症対策について度々更新される「衛生管理マニュアル」の遵守が求められました。

そこで私が行ったことは、マニュアルが更新されるたびに中身を確認し、「やらなければならない対策」と「そこまでやらなくてもいい対策」を見極めるために、ラインマーカーや付箋を駆使しながら熟読することでした。

読み取った先の目的を「〇〇をしない（中止・延期する）ため」ではなく、「〇〇を実施可能にするためには何をどうすればいいのか」の視点で見ていくと、グレーゾーンがたくさんあることに気付きます。

「地域の感染状況を踏まえ」や「基本的な感染対策を」といったような表記ですが、それらを学校内で遂行していくにあたって、その全ての基盤になるのは「学校長を責任者として保健管理体制を構築」と明記されています。要するに、校長自身が自校やそれを取り巻く地域の現状を見極めながら、「自身の責任において自分で判断しながら進めて」というメッセージが随所にあったのです。

私は、「自治体や市町村、学校区ごとの陽性者数」や「具体的な症状や中等症以上に発展している確率と自治体毎の重症認定基準」「実行再生産数の推移」などを毎日のようにチェックしていました。

日本は狭い国だと言っても、個々の学校を比較すれば状況は千差万別なのですから、上からの指示はあくまでも大枠でしか決められないのが道理です。

相手を知らずして対策を考えることなどできず、判断するためには、近隣における感染症の実態をできる限り正確にとらえていなければなりません。

それを怠ることで、「念のため」を拾い始めてしまった学校では、子ども達が置き去りになってしまったことに加え、他校と競争するような「負の競争原理」が働いていたことでも、様々な弊害が生まれたように見えます。

「隣の学校はここまでやっているのに、この学校ではここまでしかやってなかったからこんなことになった」といった批判などあってはならないと校長が思えば、無限に厳しい対策をやり続けるしかありません。

子どもは、咳やクシャミはおろか、少し鼻水が出ているだけでも学校に入ることさえできず、検査で陰性証明が出てからでないと再登校もできない。陽性判定でも受けようものなら、一斉休校や、場合によっては多額の公費を使っての校舎内全館消毒なんてことにもなり兼ねず、保護者の責任は益々重大になってきます。親も「念のため」の無限スパイラルに陥っていきます。


ここには、県ごとの感染者(陽性者)数を日々発表しながら、県境をまたいでの移動をしないと言い始めたのと同じ構図があります。各自治体は、不安と恐怖を軸に常にピリピリしながら、他県との不毛な競争に突入していきました。県民の多くも不安によって心が支配され、自分の頭で考えるゆとりを失っていった結果、県内であれば、たとえ何十キロメートルの移動であってもさほど抵抗がないのに、わずか数メートルの移動でもそこに県境があったら越えられない、まさしく「思考停止状態」に陥っていきました。

他県ナンバーの車に嫌がらせを書いた紙を貼り付けたり、車体を傷つけたりする例まで出てきたのを見ると、私の目にさえ絶望的で穢れた社会が映っていました。それが幼い子ども達の目だとしたら、一体どんな景色が映っていたことでしょう。

子ども達に関わる保護者や地域の大人はどうだったでしょう。

学校が必死に対策を講じているのに、もし何かあったら、大きな責任を感じざるを得ない状況が加速していきます。「感染（陽性）＝悪」の考え方が世の中に蔓延していったことで、親や子どもにも計り知れないダメージが積み重なっていきました。

こうしてみると、過剰な対策がどんどんエスカレートしていったことで、校長（学校）と保護者（地域住民）のどちらの心理が先に働き、どちらがどちらを追い込んでいったのか、結論を出すのは難しいでしょう。ただ、この負の連鎖を断ち切ることができるのは、校長に与えられた特権の一つです。衛生管理マニュアルの中に「校長を責任者として」が明記されていることを踏まえ、感染対策によって失われるものも多々あることを丁寧に説明し、

「学校としての方針」を打ち出していければ、保護者の方もきっと協力してくれるはずです。教員も保護者も、子ども達のより健やかな成長を願っている点は完全に一致しているのですから。事あるごとに校長の不安や恐怖が伝わってくるより、教育現場に相応しい安心感につながる情報を伝えていく方が、確かな信頼関係の構築につながると信じています。

参考までに、衛生管理マニュアルを一部抜粋し、考察します。

《参考》「衛生管理マニュアル（2022.4.Ver.8）」[4]（文部科学省）内文章（抜粋）と考察

・地域の感染状況を踏まえ、学習内容や活動内容を工夫しながら可能な限り～教育活動を継続し、子供の健やかな学びを保障～

4 「学校における新型コロナウイルス感染症に関する衛生管理マニュアル」
https://www.mext.go.jp/a_menu/coronavirus/mext_00029.html

・都道府県単位の緊急事態措置等を前提としつつも、それぞれの生活圏がどのような感染状況にあるかを把握し、児童生徒等の学びを保障する観点からどのような対応が可能か～地域ごとにきめ細かに対応することが必要～
・児童生徒等及び教職員等の生活圏～地域の実情に応じて保護者の通勤圏や教職員の在住地の状況も考慮～におけるまん延状況により判断することが重要～
・地域の感染状況に応じて柔軟に対応しながら学校教育活動を継続～
・**学校の役割：学校長を責任者とし、校内に保健管理体制を構築します。**

（解説）

可能な限り教育活動を継続するには、地域の感染状況を踏まえて学校毎に判断することが随所に書かれています。

「都道府県単位の緊急事態措置」はあくまで前提であり、生徒や保護者、職員の生活圏といった、学校毎に限られた地域での感染状況によって、柔軟に対応策が講じられるということです。そして、その方針を決め、遂行するときの責任者は学校長ですから、上からの指示なので、自分にはどうすることもできないということはありません。

ただ、そのためには、校長自身が日々移り変わる状況を踏まえながら学び続けていくことが求められます。もし、それを怠っていたとしたら「自分にはどうすることもできない」となってしまい、責任は上にゆだねるしかなくなってしまうでしょう。

感染者が確認された場合の連絡体制をあらかじめ確認し、冷静に対応できるように準備しておくことが必要～

（解説）

「感染者が確認された場合」が最も危機的場面です。校長はその責任において心理的にも実務的にも準備をしておかないと、学校に大きなパニックを招き入れてしまうことになり兼ねません。しかし、ピンチはチャンスでもあります。そうした状況下なら、何でもない平常時より、保護者や地域の人達が、校長の発信を「前のめり」で聞こうとするはずです。保護者にとっても緊張が走っている場面ですから、多少複雑で難しい話をしても、耳と目と心を校長に向けてくれる可能性が格段に高まります。それまでは、理屈っぽい内容なので説明するのは適切でないと思っていた話でも、理解してもらえる可能性は高まっているに違いありません。繰り返しますが、そこで論拠を明示しながら丁寧に説明するためには、校長自身が日頃から学びを深めておくことが必要条件です。

> 感染経路についてはすべての学校種で「感染経路不明」に次いで「家庭内感染」が最も高い割合となっています。このため、学校内での感染拡大を防ぐためには、**何よりも外からウイルスを持ち込まないことが重要**であり、このためには各家庭の協力が不可欠です。毎日の児童生徒等の健康観察はもちろんのこと、例えば、家族に未診断の発熱などの症状がある場合には、**感染経路の不明な感染者数が増加している地域では、**児童生徒等の登校を控えることも重要です。

（解説）

「外から持ち込まない」が、学校と家庭の間に深い溝を作り、お互いがお互いを追い込んだ原因の一つだと思います。一方で、「感染経路の不明な感染者数が増加している地域では」と、わざわざつけ加えられている点を、多くの校長が見落としていなかったでしょうか。感染状況がそれほど深刻でない地域の学校でも、最悪を想定した厳しい対策をしているのを随所で見ました。それによって、子ども達が失っていくものがあることには全く頓着していません。本来は、「子どもの健やかな学びを可能な限り保障するために、各学校がその方針を決めるときには地域の感染状況を踏まえる」が、生かされていなければならなかったはずです。

PTA等と連携しつつ保護者の理解が得られるよう、**学校からも積極的な情報発信**を心がける。

（解説）
発信は、校長が抱いている不安を地域や保護者に伝搬させてしまうためではなく、可能な限りの安心感を伝搬できるようにすることが、感受性豊かな子ども達が学ぶ学校現場の

「長」たる者の役目だと思います。

> 児童生徒等が本感染症を正しく理解し、**感染のリスクを自ら判断し、これを避ける行動をとることができるよう、**「新型コロナウイルス感染症の予防」資料等を活用して**感染症対策に関する指導を行うことが必要**～

〈解説〉

子どもが自分で考え、判断し、実践していくことを学ばせるためには、これもチャンスかもしれません。私の場合は、2020年3～5月の全国一斉休校のときから、いざ学校に出てきたときにも自分達で考えて行動できるようにとの思いを込めて、学校のホームページで情報発信するところからスタートしました。その後、登校が始まってからも、生徒に向けて「接触・飛沫の感染経路」の理解を基本に、感染症そのものに関して考える機会を頻繁に設けていました。明確な答えがないことについて考える機会は、柔軟な思考力を持った中学生にとってはかえって貴重だったかもしれません。

その他にも、「校長が自分で判断して」に類する記載が随所に見つかります。抜粋にてそのまま載せておきます。

①感染経路不明の感染者が発生しているような地域においては、②児童生徒等、教職員及びその家族の健康観察を徹底するようにします。**（①でなければ②の必要はない）**

新型コロナウイルス感染症は、感染者の口や鼻から、咳、くしゃみ、会話等のときに排出される、ウイルスを含む飛沫又はエアロゾルと呼ばれる更に小さな水分を含んだ状態の粒子を吸入するか、感染者の目や鼻、口に直接的に接触することにより感染します。**一般的には1メートル以内の近接した環境において感染しますが、**エアロゾルは1メートルを超えて空気中にとどまりうることから、長時間滞在しがちな、**①換気が不十分であったり、混雑した室内では、②感染が拡大するリスクがあることが知られています。**

（①でなければ②の状況ではない）

咳エチケットとは、感染症を他者に感染させないために、咳・くしゃみ をする際、**マスクやティッシュ・ハンカチ、袖、肘の内側など**を使って、口や鼻をおさえること～
（「マスクありき」ではない）

消毒は、感染源であるウイルスを死滅させ、減少させる効果はありますが、**学校生活の中で消毒によりウイルスをすべて死滅させることは困難**です。このため、**一時的な消毒の効果を期待するよりも、清掃により清潔な空間を保ち、健康的な生活により児童生徒等の抵抗力を高め、手洗いを徹底することの方が重要**～

「問《とい》の否定」は思考停止を、「禁止の連続」は意欲の低下を招く

子どもの頭の中は「問」だらけです。

親を追いかけながらでも「これ何?」「これってどういうこと?」と、しつこいほど問いかけられて辟易した思いは、子育てをした親なら誰もが持っている経験でしょう。人間は、学ぶことの面白さを生まれながらに知っているのです。何でも知りたい、知ることができれば嬉しい、するとまた知りたくなるのです。

また、子どもの心の中は意欲のかたまりでもあります。

まだ言葉も発しない幼い子どもでも、目の前に紙とクレヨンがあれば意味もなく描

き始めます。音楽を流せば身体を揺らし始める子どももいます。「〜をしたい（表現したい）」という意欲は、誰もが持っている生きる力そのものです。

ところが、年齢を重ねるごとに「問」を持つことが億劫になり、考えることなんてやめてしまったかに見える人や、何もやろうとせず、動こうともしない大人も出てきます。

逆に、年齢を重ねるにつれて、興味を持ったことへの探求心は益々高まり、一つの研究に人生をささげる人もいます。生活全般を通して意欲的に活動し、常に新しいことに挑戦している魅力的な大人に出会うこともあります。

どこで道が分かれてしまったのでしょう。もちろん、原因は一つではないでしょう。しかし、子どもの頃の環境も大きな要因の一つかもしれません。

子どもの頭の中は疑問に溢れていますが、親には親の都合があります。子ども達の「疑問符の嵐」にいちいち付き合っている暇なんてありません。そんなとき、「ちょっと待って、今忙しいから…」はまだましな方で、「そんなこと考えなくてもいいの」とか、「うるっさい、いいかげんにしなさい」など、問を完全否定するが如き言葉を発した覚えのある親も少なくないでしょう。

やむを得ないときがあるのも確かです。しかし、だんだん気難しくなってきた我が子に対して、「最近どう?」と聞いたときの返答が「別に〜」だったとしても何の不思議もありません。幼いころから、「考えるな」と言われ続けてきた子どもです。今更「考えて…」を要求しても、それは虫がいい話でしかありません。その子は、考えることをやめてしまって久しいのですから。

問の否定が思考停止の引き金になることは、親として覚悟しておくべきでしょう。

また、人の心は、生まれながらにして意欲で満ち溢れています。

お兄ちゃんやお姉ちゃんがいる幼子が、兄姉の後を追いかけながらその一挙手一投足まで必死に真似している姿にも、「はやく成長したい」「もっと自由に動けるようになりたい」

という意欲がストレートに表れています。

そうやって、意欲は雪だるま式に大きくなっていきますが、発達段階が進めば、意欲に伴う危険も増してきます。すると、ここにも親の都合が介入してきます。

「走っちゃダメッ！」「怪我するでしょう」「外に出たら濡れるでしょう、風邪をひいたらどうするの、転んで服が汚れたら誰が洗濯すると思っているの」など、親の都合で出された「禁止の連続」は、子どもの心に沸き立った抑えきれない欲求を、どんどん削ぎ落していきます。

そうした環境下で育ってきた子どもが受験に際したとき、「あなたは将来どうなりたいの？」「自分の気持ちはないの？」との親の問いかけに、「わからない」としか答えられなくても、子どもに罪があると言えるでしょうか。幼い頃から「～したらダメ」を言われ続けてきたのです。急に「何がしたいの」と言われたところで、「今更やりたいことなんてわからない」となっても何の不思議もありません。

禁止の連続は意欲の喪失につながるということです。

そして、問の否定がもたらす思考停止も、禁止の連続がもたらす意欲の喪失も、子どものときの経験や体験による影響こそが絶大なので、大人になってからでは取り返しがきかない部分も少なくないのです。

こうした影響は家庭に限ったことではありません。学校でも同じことです。

その視点からコロナ禍の3年間を振り返ってみると、この間に失ったものの大きさが見えてきます。


「健康な子どもも全員がマスク」に疑問を持った生徒からの問いかけに、多くの教員が返した答えは「考えるな」でした。しかも、その論拠は国がそう言っているからであって、教員自らが考えたからではありません。

コロナ禍前、何年にも渡って推進されてきた教育改革では、情報をただ受け入れるのではなく、どんなものにも疑問を持つことが、改革理念の大きな柱でした。それを最も忠実に実践してきた子ども達だからこそ、健康な子どもも全員マスクをすることに疑問を持ち、学校に対してもそれを素直に問いかけたのでしょう。

自ら調べ、思考し、判断することの大切さを真に学んできた子ども達が、これからの日本が本当に必要とする優れた人材であるのに、学校に抱いた失望はとてつもなく大きかったに違いありません。中にはマスクをしないだけで退学を余儀なくされた高校生もいましたが、この生徒が何としてもマスク着用を受け入れられなかったのは、単に予防効果があるとかないとかそんな表面的な問題ではなく、人としての尊厳に関わる大きな問題だったからです。多くの教員や他の生徒達が問を捨て、思考停止していく様を見て、「ここに居続けることに意味はない」と判断して、その場を離れていったのであれば、学校はどれだけ大きな人材を失ったことでしょう。

そしてもう一つ。学校現場で日々繰り返されてきた「禁止の連続」です。それは、社会生活を基本とする私たち人間とって、極めて非人道的なものでした。すなわち「近寄るな」「触れるな」「しゃべるな（歌うな）」。子ども達の生きる意欲がどんどん削り取られていったとしても、何の不思議もありません。

結果、子どもの自殺や不登校が激増していきました。不登校の理由を聞かれたときの答えが、以前のように学力不振や先生や友達との人間関係といった具体的なものではなく、今は「なんとなく」が圧倒的多数であることからも、その影響が思い当たるのではないでしょうか。

学校が、３年間にも渡ってどれほど大きな「子どもに対する負担」を積み重ねてきてしまったか、きちんと検証することは学校に課せられた重要な課題です。

よく目を開き、耳を立ててみたまえ、そこに「泣くが嫌さに笑っている人間」が居はしまいか、と。

（開高　健／小説家）

東日本大震災のすぐ後から支援を続け、長い時間の中で現地の方達と深い絆を築いてきた方が話してくれたことが、私にはコロナ禍のことと一本の線でつながりました。

生き残った東北の方々は、今はすっかり立ち直って、明るい笑顔で日々生活しています。しかし、普段はそんな面は全く見せなくても、日が暮れ、夜になり、話し込んでいく中でふと当時の話題になると、今でも涙とともに深い心の傷を話し始めます・・・彼らの中では終わってなんていないんです。

私の目の前にいる子ども達にも、よく目を開き、耳を立ててみれば、コロナ禍で過ごした3年間の思いは何も終わっていないように思えるのです。

「子どもは国の宝」「神様からの預かりもの」とはよく言われることです。

親であれば尚更、子ども達が集まって、元気いっぱいじゃれ合う姿を見ただけで、心が満たされます。「童心は神に通じる」の言葉の通り、邪心のかけらもない天真爛漫な子どもの中には、利害を超えた美しいときが流れているのでしょう。


これは、学校を休んでいる子どもが、鼻水をすすりながら言った言葉です。

「今日は学校には行けないの・・・私が行くと皆が怖がるから」

また別のケースです。その学校では、陽性者が一人判明したために学年全員がＰＣＲ検査を受けることになりました。その子は「自分は陰性だったから大丈夫だよ」と蚊の鳴くような声で話しました。その子なりの必死の弁明だったのでしょう。

普通に明るかった子どもが、そうやって笑顔を削られ、明るい声を発する機会も減っていきます。私たち大人は、この子たちの心にどれほど大きな傷と、重い荷物を負わせてしまったのでしょう。その象徴的なモノがマスクであったと思います。


これまでも、マスク着用は強制できないこと、国からの通達も強制(義務)ではなく、あくまでも要請でしかないことをわかっている教育者は多くいたはずです。目の前に、四六時中マスクを着け、大きな声を出すことも、友達に近寄ることも禁止された子ども達を見れば、教育者として「何かがおかしい」と気付いていたのではないでしょうか。でも、世の中の流れはそれを許してくれませんでした。

「マスクをしていなかったから」「消毒を怠っていたから」あんなことになったんだと、世間から後ろ指を指されることだけは避けなくてはならないので、できることは全てやらなければなりませんでした。

そんな狭間にあって、現状をどうすることもできない自分と向き合う日々がどれほど辛いか、想像に難くありません。中には、「公務員なのだから上に従うしかない」と自分に言い聞かせることで、何とか心の均衡を保とうとしていた方々の苦悩を私も何度も見てきました。

令和5年度に入って、学校現場もやっとマスク着用を求めないことが基本となりました。学校教員や幼・保育園の教諭、保育士の方々は、どれほどホッとしたことでしょう。

今、目の前でマスクをしている子どもは、教員の指示ではなく、その子の意志で着けているのです。もう自分達の責任ではありません。ようやく終わったと、肩の荷を下ろした教育者も多いと思います。

しかし、本当にそれでいいでしょうか。失われた3年間をきちんと振り返ることもせず、「終わったこと」「なかったこと」にして前に進むのは、大変危険だと感じています。

欧米では、科学によってコロナ禍での長時間マスク着用が子ども達にもたらした深刻な状況が次々と報告され始めていますが、残念ながら日本では、こうした科学が政治(行政)に入り込める余地がほとんどありません。その陰で犠牲になるのもやっぱり子ども達です。

イギリスでは「パンデミック後の幼児の発達が『特に懸念されている』」[5]、アメリカでも「パンデミック中に生まれた乳児は、パンデミック前に生まれた子どもと比較して、言語的、非言語的、および全体的な認知能力が大幅に低下」[6]などのニュースが上がっています。

日本よりもずっと早くから、子どもの解放を決行した欧米でさえこうなのです。はるか

---

5 「BBC NEWS」 https://www.bbc.com/news/education-60981450
6 「national library of medicine」 https://pubmed.ncbi.nlm.nih.gov/34401887/

に長い間マスクを強いてきて、今なお「個人の自由」という消極的な発信しかしていない日本で、このまま検証もせずに前に進むのは、大人としてあまりに無責任ではないでしょうか。子ども達への支援が必要な場面、本番はこれからだと思います。

子ども達の中では、間違いなく終わってなんていません。彼らの1年は大人の10年にも匹敵します。

「よく目を開き、耳を立ててみたまえ、そこに〝泣くが嫌さに笑っている人間〟が居はしまいか、と」

教育者が持たなければならない大切な感性だと思うのです。

《参考》「マスク着用のお願い」についての検証（法的側面から）

①マスク着用は推奨（お願い）であって義務ではありません。
マスクが感染を防げるというのは、一部専門家の意見でしかありません。一方で、健康な人が、長時間着用することでの健康被害は個人差も大きく、第三者が強要できることではありません。故に、マスク着用は、成人なら本人、未成年者なら「保護者（＝保護責任者）」および「本人」のみに判断する権利があります。

②「感染予防のために着用を」と学校長が言ったとしても、この場合も「お願い」でしかありません。また、教育機関が守るべきことの上位に人権の遵守があるので、生徒に対しても職員に対しても、着用の有無を理由に差別的な対応をすることも許されません。

一人だけ離れた席（別室登校）にする、仕切り版を置く、発言を許さない、退職勧告や嫌がらせをすることなど問題外です。

なお、「着用をしている保護者が不安がるから」や、「クレームが来るから」を理由に、管理職が着用を強要するケースもありましたが、考え方や事情が異なる個人の人権を守るために、健全な教育環境維持に努めるべきは校長の責務です。

これは、宗教上できることとできないことが他と異なる生徒がいたような場合でも、できる限り学びの機会を確保できるよう、学校として工夫していくことと同様です。

「〇〇という考え方の人もいれば、〇〇という考え方の人もいます。どちらも法を犯しているわけではないので、それぞれの考え方を尊重して」と全員に説明していくべきは学校の役割です。

厚労省も「マスクに感染予防効果があるとは断言できないので、あくまで推奨でしかない」と明確に述べています。

③感染症対策の視点からも同様のことが言えます。
「感染症対策基本法第４条」[7]は、《国民の責務》として、「国民は、感染症に関する正しい知識を持ち、その予防に必要な注意を払うよう努めるとともに、感染症の患者などの人権が損なわれることがないようにしなければならない。」と定めています。

感染症予防が努力規定であるのに対して、人権については損なわないよう「しなければならない」と明確に禁止している点からも、感染症対策よりも人権の方が優先されるということです。


更に、マスクに感染拡大予防の効果がない事を証明した論文は山ほどあって、特に、信頼性や推奨度において最高位にあるシステマティック・レビューにおいて、感染予防に対するマスクの優位性は、一度完全に否定されています。一方で、健康な人間がマスクを長時間着用することで生じる弊害も明記されています。

逆に、これよりエビデンスレベルの高い論文の中で「マスクに感染予防効果がある」と

7　「感染症の予防及び感染症の患者に対する医療に関する法律」
https://www.mhlw.go.jp/web/t_doc?dataId=79998826&dataType=0&pageNo=1

結論付けたものは皆無だと認識していますが、仮に、私が感染予防効果を明らかに肯定した論文を見逃していたとしても、両方の見解がある以上、一方の根拠を理由に人権を無視して強要することなどできないのは当然でしょう。

まして、システマティック・レビューの中に「健康な人間が着用によって生じる弊害（健康被害）」が明記されている以上、それを覆して着用を強要するとしたら、更に高いエビデンスレベルの論拠を示すべきは必須条件のはずです。

その点では、健康な人間にマスク着用を強要したとしたら、「感染症に関する正しい知識を持つよう努める」の点でも適切ではないということになります。

全国の幼・保育園は約3万件、小中学校も約3万校・・・管理職6万人の気付きに紐づく1200万人の子ども達

コロナ禍でのマスク云々だけではなく、世界情勢や経済状況、貧困問題など、あらゆる面で大きな岐路に立たされている今の日本が、そこをどう切り抜けられるか、その根っ子に「国民一人ひとりがまずは自分の頭で考えること」があるのは確かです。

その足掛かりの一つとして、コロナ禍において起こった様々な矛盾や、不思議なことを振り返ってみることに、一人の教育者として、幼・保育園長や学校長が力を発揮

できれば、国の礎は大きく変わります。

子ども達と共に学びを深めていける、そんな恵まれた立場にある教職員こそが、これからの日本の行き先を左右する重要な役割の中心地点に立っていると言っても過言ではありません。

「米百表」の教えの通り、時間がかかって遠回りに見えても、結局は「子ども達の教育」こそが、明るい未来を切り拓くための最も近く確かな道です。

幼稚園・保育園は約3万件、園長の数はほぼ同数でしょう。園児数を合わせると約300万人です。全国の小中学校長も3万人を少し欠ける程度ですが、児童生徒数は合わせると900万人近くなります。

この中で、全園長と全学校長の1％だけでもコロナ禍の振り返りを実践したら、単純計算で3万人の園児と9万人の児童生徒に「考える」「気付く」チャンスが生まれることになります。一人ひとりの子どもに紐づいた親や家族まで含めれば、気付きの輪はもっと大きくなるでしょう。また、10年以上前から目指されてきた「地域社会に開かれた学校」の理念を生かせれば、教員の発信を、地域住民の大きな気付きにつなげることも十分に可能です。学校の波及効果はバカになりません。

一人の校長としても、こんなにやりがいのある仕事はないでしょう。自らの学びを深めることで、少なくとも目の前にいる自校の子ども達だけにでも、稀有な気付きのチャンスを残し、自分の生きた証を残していけるのですから。

それを可能にできる「学校経営上のほとんどのことを決定する権限」が校長には与えられています。

私の場合、目の前の子ども達を見て、全員がマスクをしている姿に言い知れぬ違和感を抱いたところからの出発でした。「これで教育が成り立つのか？」といった、感覚的で素朴な疑問です。

あとは調べるしかありませんが、世の中の変化のスピードは恐るべきものでした。

私が実践していたマスク着用のルールも「衛生管理マニュアル」を守った上での実践でしたが、あの状況下で、職員も生徒も、そして保護者や地域の関係者の方々も、忍耐を持って協力してくださったことに、今でも大変感謝しています。

第2章　校長として実践してきたこと

ここでは、私が定年退職する前年、２０１９年度末に突然襲ってきたコロナ禍で、その後の２０２０年度も通して「校長として実践してきたこと」を具体的に記していきます。この本を手にされている方で、現職の学校管理職の方、あるいは教育関係者の方々がいらしたら、少しでも参考になる部分があれば幸いです。

なお、第1章で書いたものと重複する内容も出てきますが、全体の流れを把握していただくために必要と考えてのものですので、ご理解の上読み進めてください。

右脳を鍛える

私の学校経営構想

私が学校経営構想の中心においていたのは「右脳を鍛える」でした。理由は第1章で書きましたので、ここでは具体的な実践について書いていきます。

感染症に関わる実践は後に譲るとして、まずは右脳を鍛えるために進めていたことです。中核に置いたのが「一流人との接触」でした。

２０１９年に校長として赴任した学校は、山間部の小さな学校でしたから、子ども達が普段関わる大人はそう多くないだろうと想定されました。しかし、世の中の広さや深さを見る機会にたくさん出会い、「なんだかわからないけれど面白そう」と、心の琴線が繰り返し刺激されれば、未知なるものに夢を抱き、希望を胸に前進していく意欲につながっていくと思いました。その一つの手段として考えたのが、「面白い大人」にたくさん遭遇させること。どの世界でも、一流になった人というのは、「学ぶな」と言われても、学び続けた人たちです。ときには、生活の全てを犠牲にすることさえあるかもしれませんし、隠れてでも学び続けてきた人達です。まさしく右脳が活性化された最高のお手本と言えるでしょう。このような「面白い大人」には、頭の中に不思議が詰まっていて、その魅力こそが、子ども達を特異な世界に引きずり込んでいってくれるのです。そうやって、子ども達の右脳が活性化されていくことを期待しては、いつもワクワクしながら企画していました。

また、こうした学びは「方向目標」になります。日本の教育は、たとえば「掛算九九をクラス全員ができることを目指す」といった「到達目標」に偏りがちで、探求型学習とは相いれない部分があります。しかし、方向目標では、向かっていく先は示しても、「どこまで行くか」あるいは「どうやって行くか」は学び手によってそれぞれです。各自の右脳が感じた興味関心を頼りに、自分らしい自分の学びができるということです。「なんか変わった大人だな」「でも面白そう」「大人ってスゴイな」・・・から始まればいいのです。

ここでいくつか実践例を紹介します。

お一人目は大学教授です。テレビの科学番組などにも何度も出演されている、無脊椎動物（貝類など）に関しては日本の第一人者のお一人です。私が在職していた2年間で4度も足を運んでいただきました。

貝や煮干しの解剖を通して食育や環境問題にまで踏み込んだ授業や、五感を使っての学習体験など、通常の教育課程の中ではなかなかできない学びをさせていただきました。

子ども達には、氏がテレビ出演したときのビデオを見せたり、経歴を伝えたりするだけでも、「こんな著名人が直接教えてくれる」との期待感を持たせることができます。そうやって心の助走を仕掛けるだけでも、当日の授業にも、最初から前のめりで向かわせることができます。

また、事後において、たとえば給食の時間に教員側から意図的に問いかけをしてみたり、生徒自身が問を発したときには、更に深い領域まで学びを進めることもできます。子ども達の可能性は無限大であることを、私も何度も経験させてもらいました。

お二人目はダンサーです。若いときには、国の在外研修員としてニューヨークで学んできた経験もあり、日本を代表するコンテンポラリー・ダンサーのお一人です。私の在職中に2度お越しいただきました。

複数人のグループを構成し、相手を観察したり一定のルールの中で接触したりすることで他者とのコミュニケーションを図っていく、言葉を超えた身体活動プログラムです。言語活動を担う左脳領域を離れ、言葉ではなく感性の部分に注目した授業は、まさに右脳を刺激する活動だったはずです。

ここでも、子ども達には氏が特集された雑誌の記事を提示したり、稀有な経歴を伝えたりすることで、学びに向けた心の準備をさせていきます。

事後においても、機会をとらえて問を投げかけてみたりすれば、教科を超えた横断的な学びにつなげてくこともできました。

なお、2度目のときはコロナ禍真最中でしたが、発声することのない活動であること、換気の行き届いた広い空間（体育館）での活動であること、身体的な接触は避けられないことなどの点から、子ども達にも感染経路を想像することの意義を伝える良いチャンスにもなりました。

ウイルスはどんなルートで伝播し、感染リスクはどんなところで高まるのかを具体的にイメージしながら考えることは、アクティブラーニングの観点からも大いに意義があることだったと思います。

他にも何名もの方にご協力いただきましたが、子ども達の輝く姿に出会う度に、私自身も大いに心が躍り、次に向けての活力をもらうことができました。

その他、体験型学習の充実や合唱・合奏、書道作品作りといった情緒教育も積極的に取り入れていました。講師招聘といった特別な機会だけではなく、日常的にも感性を研ぎ澄ます機会をつくることは、生きる喜びにつなげられるのだろうと考えたからです。

加えて、遠方からの講師だけではなく、近隣地域の方々にも協力していただく機会を設けては、探求型学習の機会を取り入れました。そこには、「面白いと思う学びの機会」を、各自で工夫しながら提案してきてくれる先生方の力もありました。特に、教頭と教務が協力して、それらの活動を実現していってくれたのも、私には大きな助けになりました。私から先生方には「自分で面白いと思うことだったらどんどんやってほしい」ということを発信しながら、提案してきたことに対しては「それって子ども達の右脳にどんな刺激が？」を問うくらいで、ほとんどのことは承認していました。職員達も皆が、自分からアクティブに取り組んでくれていたのだと思います。

最後に「私の授業」についてです。

全校集会や各種行事の際の講話は、私にとって貴重な授業の機会になっていました。

コロナ禍における全校集会での場面から一つだけご紹介します。

子ども達には、「マスクの着脱は科学的根拠をもとに論理的に考えること」を日頃から発信していましたが、集会の場になると何人かの生徒がマスクを着用していることもありました。

私からの投げかけは次の通りです。

「今日は〇〇についてのお話をします。その前に、私は皆さんとこれだけ距離があるので（手を使って示しながら）、今日もマスクは着けません。そこは了解しておいてください。私の表情の全部を見ながら聴く話と、そうでないときとでは、伝わり方が全く違ってしまいます。それと、私もできれば皆さんの顔が見えた方が嬉しいかな～！　聴いてくれている皆さんの顔を見ながら話した方が、心がこめやすいです…。もちろん世の中はこんな状況です。外すのが怖いという人がいるのもよく理解できます。仕方がないですよね。

また、花粉症の人もいるかもしれません。最後は、校長として一人ひとりの判断を最大限尊重します。もし、私や先生方に気を遣ってマスクをしている人がいたとしたら、その必要はないということです。そうしたことを全て含めて、自分が着けることを選んだ人は無理に外すことはありません。あくまで『外してもいいよ』ということです。では話をはじめます」

こう話すと、特別なときでない限り、全員が外してくれていた記憶しか残っていません。

私の中でのルールは、「私の気持ち」「アイメッセージ」での発信を心がけることでした。

学校現場の混乱——全国一斉休校で感じた危機感

世間では、「感染拡大を防ぐためには○○は厳禁、とにかく自粛、周りの大切な人のために我慢して」の空気が蔓延していくにつれ、個人の思いや人権がどんどん損なわれていくように感じました。

「○○で感染者が出た」と情報が流れると、それはどこの誰が、どんな状況で、と注目が集まり、多くの人は感染症そのものへの危機感よりも、世間の目に対する恐怖心によって行動を決定しているように見えました。

こうした社会の流れは、子ども達が成長していく場に相応しいものではなく、明らかにバランスを欠いていることばかりでした。様々な行事が縮小・中止され、給食は一方だけを向いて無言で食べることを強いられ、日常的にもマスク着用を促されるばかりか、鼻が出ているだけで厳しく注意される。まるで囚人のような対応の継続が一般化していきます。

日本における状況は、子どもにとってそれほど深刻なものでないことは、あらゆるデータが出てきた頃にはもう明らかになっていたのですから、子ども達には、できる限り早い段階で「感染しても大丈夫…安心して」に舵を切るべきだったと思います。

そのためにはまず、保護者や地域の方々に方針の発信をしなければなりません。それには校長である私がきちんと説明できるだけの知識を持っていることが必要不可欠でしたから、医師や科学者とのつながりを検索しながら、質問をぶつけていきました。多くの方が反応してくださり、私なりに「理にかなっている」「現実に起きていることと辻褄が合っている」と思える論説を周囲にも伝えていました。しかし、「主体的・対話的で深い学び」をあれほど推進してきた多くの教育者が、完全に固まってしまったかに見えました。

2020年3月、全国一斉休校が始まってすぐの臨時校長会の様子を思い出しても、会を包む空気そのものがパニックの様相で、「接触と飛沫による感染が主で、〇〇に気を付ければそれほど心配しなくてもいいはず」と私の考えを述べても、最適解を探っていこうという空気はありませんでした。沸き起こった不安と恐怖が、論理的思考を封殺している状態だったのだろうと想像できます。

当時を思い出す度に、国やその中枢にいた専門家諸氏、その意見を何の検証もせず無批判に垂れ流していた多くのマスコミには憤りを感じます。「本当にこれでよかったのか」「皆さんには未来を託す子や孫はいないのか」「今さえ何とかなればそれでいいのか」など、問うてみたいことはいくつもあります。

実践計画──「校長として何をすべきか」を模索

私の学校は極小規模校だったので、職員には全力で生徒のサポートをすることをお願いして、私は「対策の効果」と「教育の質」をできるだけ高いところで交差させるための工夫を模索検討しました。最初に考えたことは関係者間の協力体制構築です。

そこで注意すべきことは、最優先は子どもの成長であって、保護者や地域関係者への忖度は二の次なのは確かですが、だからといってそうした方々の協力が得られないような対応をしてしまったら、結局は子ども達が板ばさみになってしまうということです。いくら客観的に正しいと思っていることでも、関係者と敵対するやり方ではうまくいきません。私の取り組みが全ての学校、全ての校長に当てはまるとは思っていませんが、それでもこれから示す具体的な実践例が、一つの考え方として少しでも参考になれば幸いです。

【実践①】知識の獲得

校長が知識を持っていないと、たとえば自校で陽性者が出たときなど、緊迫した場面で保護者にきちんと説明することもできません。結果として、不安が不安を増幅していく悪循環を生みかねません。そうなると、何が何でも陽性者は出せない「ゼロリスク追求」の深みに陥っていくしかなくなります。

私は、陽性者やその家族に対して「大丈夫ですよ、安心してください。本人がまた元気に登校してこられる日を待っています。この件については、外部機関や地域の方々にきちんと理解していただくことなど、私が全て窓口になって対応します。保健所や教育委員会ともしっかり話し合いを進めることで、おかしな偏見や差別につながらないよう、周囲への説明をしっかりやっていきます」と、根拠を持って伝えられることを目指していました。

ここからは少し専門的な説明になりますが、ザッと読んだだけでも、学校が直面してきた大きな問題点には気付いていただけるだろうということ、また、極めて大切な視点だろうとの思いもあって、あえて差し込みました。専門的な用語も含まれますが、第3章の知識理解編にて詳しく説明します。

陽性者が出たとき、念のために周囲の児童生徒全員に検査を拡大したとします。高いCT値で判定した結果、曝露《ばくろ》(粘膜などへの付着)しただけの無症状陽性者が何人も出たら、突然「クラスター」の烙印が押されます。そうなったら、最初に陽性判定を受けた子どもの心中はどうなるでしょう。一時の状況を思い返せば、まるで犯罪者にでもなったかのような心境に追い込まれたとしても不思議ではありません。更に、その子の様子を見た周りの子達はどう思うでしょう。「ああはなりたくない」との思いが募った先で、「何が何でも風邪一つひくわけにいかない」との思いに取りつかれてしまったとしたら、多くを犠牲にしてでも、何から何までやろうとする「無限ループ」に陥ってしまいます。失うものもどんどん拡大していきます。そう考えると、検査拡大に直接関わる校長の責任は大きいと言わざるを得ません。

また、そうした事態を回避するためには、地域の方々に安心してもらうことも大切です。それを怠ると、本人はもとより、その家族にも厳しい誹謗中傷が襲いかかるリスクが高まって、結局、子どもが最大の犠牲者になってしまいます。

私は、開催告知文書、実施計画細案、当日の説明原稿と配布の資料など、シミュレーションを立てて、いざというときのために全校保護者会（場合によっては地域関係者を含む説明会）開催の段取りも整えていました。子ども達が矢面に立つのだけは回避するための準備ですが、幸い一度も使うことはありませんでした。

保健所や教育委員会との協議では、「念のため」的（周囲への）忖度で、根拠の乏しいPCR検査の拡大を避けることも、私の重要な責務だと考えていました。それには、「〇〇の理由で、この子達は濃厚接触者にはあたらない」と説明する必要があるので、最低ラインの「対面近距離で一定時間以上の会話場面ではマスクを着用する」などについては、全生徒と職員に共通理解して、徹底してもらうこともお願いしていました。そこが理解できていれば、一方で「そうではない場面ではマスクは必要ないよね」を発信し続けることもできます。どういう場面でマスクが必要で、どういう場面では不要か、中学生として判断力を養うことは、これからの時代を生き抜く力を養う点からも貴重な学びのチャンスになりますから、生徒や保護者、関係者に発信することで、「一石二鳥」ということもありました。

しかし、同様のことを幼稚園や小学校で園児・児童に求めるのはさすがに難しいと思います。「今はマスクはいらないよね」とか「ここはマスクをしようか」を、ちゃんとタイムリーに発信できる指導を目指せればいいのです。

そうは言っても、各自が考えて実践することは容易な道ではなかったはずです。本人が学びを深め、自信を持った上で使命感に燃え、教育愛を呼び起こすことで私の願いを共有してもらおうとしても、テレビや新聞を見れば、真逆の感情を煽る情報しか出ていませんでしたから。

【実践②】 職員への啓発と協力

「そこまで感染対策をやらなくても大丈夫」と発信しても、最初のうちは不安を抱えている職員がほとんどでした。そのため、２０２０年3~5月の3ヶ月間は朝の打ち合わせでは生徒が不在だったこともあり、時間をかけて丁寧な説明での啓発を試みました。ただし、その頃は専門家の方々も新型コロナについて、まだそれほど分かっていなかったので、接触感染リスクを考えながらの消毒には、かなり気を遣っていました。

逆に、世間が「ソーシャルディスタンス」「いたる所でマスク着用」「ビニールシート設置」などで迷走する中、「接触と飛沫が感染経路」という部分が十分理解できていたので、過剰な対策は理にかなっていないと確信できていました。そのため、職員には、「もっと論理的に考えて、やらなくていいことはやらないようにしたい。その分、学びを充実させたい」を投げかけ続けることができました。

また、私自身もこれまでだったら気にもしなかった程度の咳で病院に行ったとすると、あの社会情勢ですからＰＣＲ検査は必須だったでしょう。そこで、ＣＴ値40～45にまで上げた疑わしい判定でも、陽性となれば学校現場は大いに翻弄されます。

しかも、陽性判定を受けた本人も、ほぼ無症状のまま10日間を過ごしたなどというケースも散見されていました。組織が受ける影響は甚大です。

私自身は、体調が少しおかしいと思ったら、まずは自宅で療養する心の準備は常に持っていました。しばらく様子を見て、すぐ回復するようならそれだけのことです。無症候感染は証明されていないこととはいえ、社会情勢を見ればある程度はやむを得ません。しかし、発症前と発症後の感染力（想定）を理解していれば、リスクを回避する術はいくらでもありました。

職員も、様々な情報を受け止めながら、自らの健康と真摯に向き合う姿勢を持ち続けてくれたと思っています。

もちろん明らかにおかしい状態のときや、特に基礎疾患を持っている人には、異変を感じたときはすぐに病院へ行くよう、並行して強く推奨していてのことです。

検査一つとっても、教育者としての冷静な判断が必須だったと思っています。

あの時期にそれを判断するためには相当な覚悟が必要でしたが、覚悟を持つためには、「普通に健康な人なら、コロナでは簡単に死なないし、重症化もしない」を確信できる知識が必要でした。

【実践③】保護者や学校関係者への啓発と協力

保護者や地域関係者への働きかけは、校長の重要な役目です。

送り迎えのために学校へやってきた保護者を見つけたら、こちらから近寄って話しかけたり、PTA活動などで来校したときの活動場所に挨拶に出向くなど、保護者とも日常的に交流できる環境を大切にしていきました。また、学校関係者に校長通信を配布するときなどに、配布先まで直接足を運んだり、話をしてみるなど、様々な機会を通じて関わりを持てていた地域の関係者とも、心を開いて話せる環境を意識的に整えていきました。

特に学校の教育方針などにも積極的に意見を言ってくれるような方々には、最初は「こちらの話を聞いてくれるだろうか」と不安になることもありました。しかし、心の内をちゃんと見せて、思いを伝えていけば、大抵は理解してくれる素敵な方ばかりでした。

もともと学校への関心も高く、子ども達の成長や教育にも自ら関わっていこうとする方々ですから、お互いの理解が進めば、私の学校経営にも様々な場面で協力してくださることも多かったと思います。

逆に、日常的には表立って発言することの少ない方とは、たとえば「○○の行事をするにあたって何か不安に思われることはありますか」といった切り口から、頻繁に悩みを引き出すように心がけていきました。

そうした積み重ねでしか、信頼関係は深めることができません。結果、コロナ禍を経験したことで、保護者や地域関係者との距離が近くなったと思います。

こうした感覚は、私の個人的な思いでしかないかもしれませんが、実際に、修学旅行、運動会、文化祭、地域交流会、お掃除や図書、調理実習ボランティア、東京から大学教授を招聘しての各種講座、合唱活動、ノーマスク卒業式と、どの場面においても、「否」を言われるどころか、積極的に協力してくださることの方がはるかに多かったと思って、今も感謝しています。

【実践④】学校医との関係

もう一つ、「学校医との関係」は絶対に外せません。

校医は医学の専門家ですから、そのことへの礼は尽くすべきですし、人間関係が大きく崩れてしまえば、何より子ども達が板挟みとなって、最大の被害者になってしまいます。ですから、校医との関係構築に努めることは極めて重要なのですが、そこは自分だけではなく、お相手の人間性も関わってきます。残念ながら運・不運もあるということです。そして、本校では更に気に留めておくべきことがありました。

本校は山間部の小さな町にありましたから、保護者が患者としてその医院に行くことも日常のことです。患者である保護者が、医師に向かって「学校ではこんな感染症対策をしています」と話したとして、もし、私が日頃の報告を怠っていたら「自分は聞いてない」となってしまうかもしれませんし、最悪「学校のやり方は間違っている」というような意見を目の前の保護者に伝えてしまう可能性だってあります。

私の校内衛生管理に関する方針を、私のいない場で、医師から保護者が否定されたとしたら、その人がどちらを信用するかは明らかです。結果、それまでの私の努力も水泡と化してしまうでしょう。ですから、自分が目指すやり方を貫くためにも、校長として常に、その方針の概要だけでも、学校医に報告しておくことは必須のことでした。

具体的には、「衛生管理マニュアルの抜粋コピー」や「校内衛生管理計画」などを持参して、教育現場ならではの視点を踏まえた感染対策をお伝えするなど、細やかな連絡に努めていました。

今思えば、学校医の方にも色々と思うところもあっただろうことは想像に難くありませんが、他とはかなり異なるやり方にも、忍耐を持って協力してくださったと思っています。

【実践⑤】ホームページの活用

全国一斉休校になったとき、最初に手掛けたのが「ホームページの活用による子ども達への啓発」でした。

感染症対策では、思いつくことを全てやろうとすると、かえって「本当に大切なこと」を見落とす可能性があります。

人間の注意力にはある程度限界があります。100ある点の全てを見ようとすれば、一つひとつへの注意力は自ずとおろそかになりますが、100ある点の中で、本当に大切なものが3つしかないと判断できたら、あとの97点には目をつぶればいいのです。その分、重要な3点に集中すれば、そこに万全の対策を講じられるようになります。

厚労省からは「接触と飛沫による感染が主で、空気感染はほぼないと思われる」と発信されていたのですから、この二つを踏まえた対策だったはずですが、空気感染まで視野に入れた「三密回避」ばかりが声高に叫ばれたことで、本当にやらなければならないことから注意がそれてしまったように見えます。

全員が黙って着座し、講義式の授業を黙々と受けているだけなら、教室に何人入ろうと大した問題ではないのに、もっと注意が必要な「接触感染（≒時差感染）」への注意が、多くの人達の頭からすっぽり抜けているように見えました。

中には、フェイスシールドまで取り入れる学校もありましたが、フェイスシールドの役割や効果、これをすることで高まる感染リスク、更に、子どもの心に刷り込まれていく猜疑心などを含めて判断したのか、特に校長には大きな判断責任があったはずです。もし、世間の空気感だけを頼りに判断したのだとしたら、「軽々しく信じた罪」は大きかったのではないでしょうか。

そこで私は、教育改革によって培ってきた「自ら考える力」を、今こそ発揮すべきときだと思いました。一斉休校で生徒達に直接会えない環境下の中で、学校再開の暁には、生徒自身が感染症やその予防策についてある程度対応できる力をつけていてほしい、との願いを込めて、ホームページ上での発信を始めました。その一つが「感染経路」の理解です。

生徒不在の学校では、教員達は、家庭学習を支援するための準備をしたり、その準備のための下調べなどに追われていましたが、その合間を縫って手伝ってもらい、視覚に訴える資料作りを進めました。一方で、こうした資料作りは、教員側にも感染対策で大切な点を再確認するいい機会を提供してくれました。学校職員が皆で理解を深め、やるべきことを共通理解しておくことは、子ども達を同じ足並みで導いていく上では大切なことです。

写真を見て、飛沫の飛び方や、時差を含めた接触感染の実態を理解できていれば、マスクが必要となる場面や、手洗いや消毒が必要な条件への理解も深められます。裏を返せば、マスクや消毒が不要な場面も理解できるでしょう。そうすれば、互いに表情が見えない中で学びを進めることのリスクを最小限に抑えることもできます。

ここでも大切な視点は、そうした「トレードオフの関係性」でした。

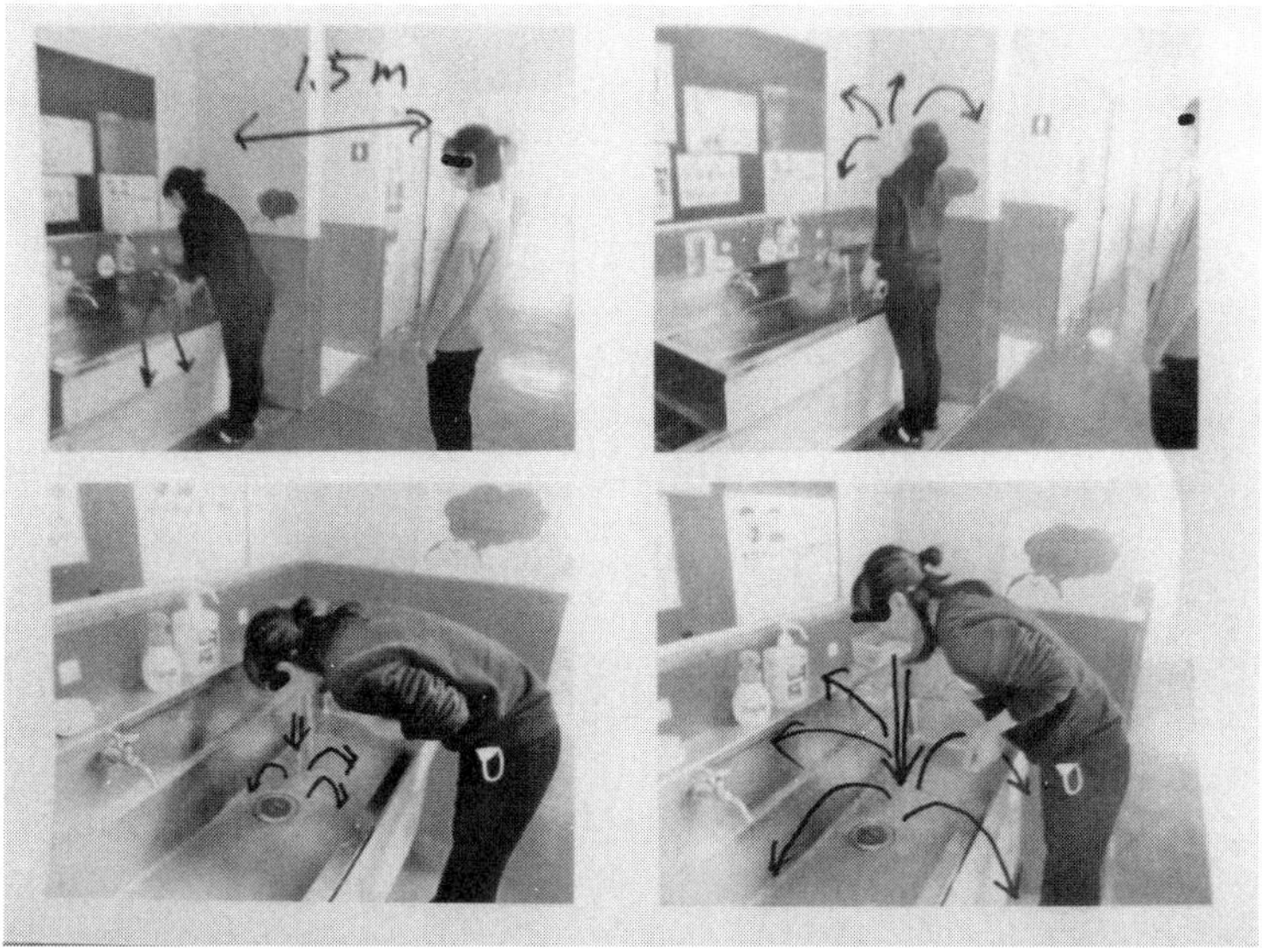

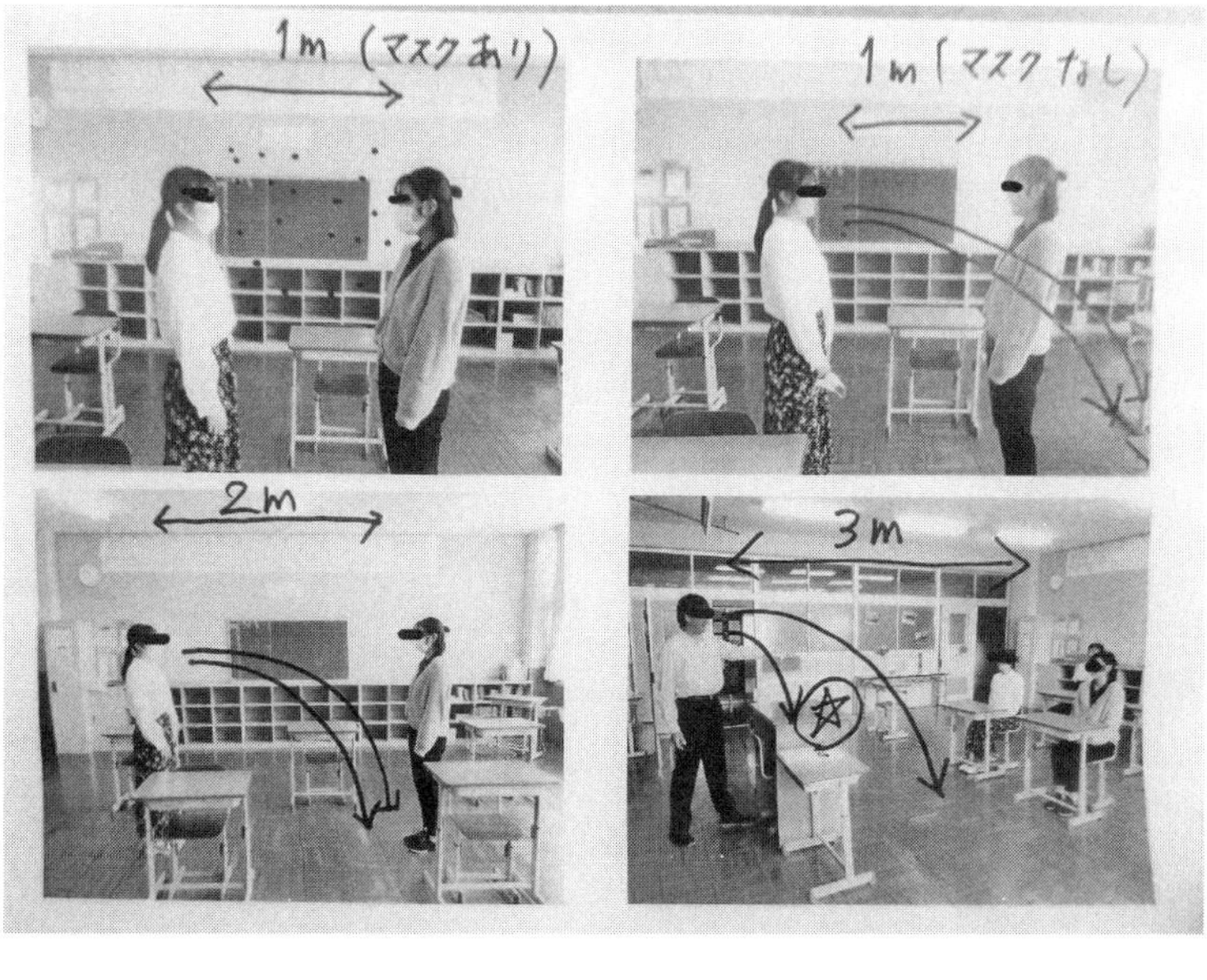

学校のホームページに掲載していた写真

今できること「マスクを外せない子ども達」への支援

もしも、マスクを外せない子どもが多数いるという現状に直面されていて、校長としてどうしていいかがわからない方がいたとしたら、どうすればいいでしょう。

最後に、「私なら」を箇条書きにしておきますので、使えるところは使っていただければ幸いです。何よりも、目の前の子ども達のより健全な成長を願って、ぜひ熟考してみてください。

・職員研修などを使って、まずは教職員の理解を深める。教員は子どもにとって最も大きな環境要因の一つです。もちろん管理職であっても、職員にマスクの着脱を無理強いすることはできません。それでも、教員自身が本質を理解しているかいないかで、子ども達がそこから受ける印象は全く違います。研修を実施する上では、この後の「知識理解編」が役立つはずです。

・理解が進んだら教員自身が、まずはマスクを外して伸び伸びと、明るく元気に生活している姿を子ども達に見せてあげる。

・保護者や地域には、健康な子どもがマスクをしていることで心身両面に起きうる健康被害について、客観的事実を文書や全校集会などで伝えていく。その際は、「子ども達の健全な成長を願っている」と言ったアイメッセージを持って発信する。

・子ども達にも、マスク着用のデメリットを事実として淡々と伝えることと並行して、素顔での交流の方が教員にとっても嬉しいということを、時々のタイミングを計りながら伝え続ける。

・思春期で、素顔を見せることに抵抗感を持ってしまったような生徒には、素顔の素晴らしさを伝えてあげる。ただし、その場合は「褒める」のではなく、「共感と喜び」のスタンスを心がける。

※「褒める」の中には評価のニュアンスが入りやすいため、思春期の子どもには諸刃の剣になることがあります。極端な場合には、拒否反応を助長してしまうこともあります。ですから、ここでは自分の喜びや嬉しさから発するアイメッセージによって、思いを伝えていただきたいと思います。

これだけ長い時間をかけて、多くの大人が、目の前の子どもに対して「マスク着用」を強要してきてしまったのです。外せるようになるためには長い時間がかかるでしょう。簡単なことではありません。しかし、どんなに大変でも、ここまで来てしまった責任は間違いなく大人の側にあります。それは「誰か一人の」ではなく、十分に啓発できなかった私も含め、大人達全員の責任でもあります。力を合わせて、まずは目の前の子ども達を一歩一歩でも救っていくことが、大人に課せられた重大な責務だと思います。

第3章　知識理解編

博士（臨床薬学）
専門分野　医薬品情報学／薬剤疫学
堀内　有加里　氏　監修
（旧姓：上島）

「考える」ということを考えるところから

ここからは、私が交流のある専門家諸氏に直接教えていただいたことや、そうした方々がリンク先を提示してくれた論文やデータをもとに、「これが事実に近いだろう」と思うものを紹介していきます。

また、正確性がより重要であるため、博士（臨床薬学）である堀内有加里氏に最終確認をしていただいています。

第1章で述べた「軽々しく物事を信じることは悪である」を思い出してください。これから示す様々なことについて、もし誰かが反論を述べてくれるとしたら、その人は、きっと相当な学びを続けてきた方のはずで、ぜひ議論を重ねるべきです。誰かの解釈が100%正しい保証なんてどこにもありませんから。

しかし、そうした議論そのものが、ことごとく封殺されてきた3年間でした。「健康な子ども達まで全員マスク着用なんておかしい」とか「このワクチンは打つ必要がない」と発信しただけで全てのシャッターがおろされ、「なぜ？」の入り込む余地もなくなってしまいました。何も聞かず、何も訴えず、溝だけが深まっていくという、極めて不健全な社会状況がつくられたのです。

ただ、議論を求めてきた人が「国が言っているから」「マスコミが言っているから」程度の根拠しか持っていなかったら、おそらくは議論の入り口にも立てません。

長い歴史の中で、国は一度も間違わなかったでしょうか。答えは明白です。マスコミが報道する内容に何かしらの意図が介入したことは一度もなかったでしょうか。答えは明白です。

そこで信じられるのは、事実（数字）と情報との相関ですが、逆に数字をコントロールすることで誤った方向に、しかも意図的に国民の感情を動かすこともできます。偽善者は数字を使うとも言われますから、情報に惑わされないためには、数字を見極める力も問われてきます。

たとえば、「ＰＣＲ検査陽性者数」を、マスコミや国は「感染者数」と言って通してきました。この数字が1万人／１日として、果たしてそれが全て病人なのでしょうか。ここには「ウイルスが喉粘膜についている＝悪」という決定的な誤りが隠されています。実際には、人間が定期的にウイルスに曝露されることは、その後の健康維持にとってプラス要因になることの方が多いはずです。まして子どもにとって、風邪はひかない方がいいものではなく、そうした訓練を重ねていくことがとても重要な経験になります。

ここで「子どもには」とあえて付け加えたのは、人間の免疫は胸腺《きょうせん》によって教育された細胞が担う部分が大きいのですが、この胸腺の発達はせいぜい小学校低学年の頃までの生活環境で決まってしまうからです。その後の免疫力は、そこで確定した能力でしか働くことができません。子どもの頃に風邪をひくことで胸腺の発達も加速されますが、その経験が乏しければ、一生を通して病気に弱い身体になってしまう可能性があるのです。

これは腸内細菌叢《ちょうないさいきんそう》にも当てはまります。主に手から口を介して体内に入っていく腸内細菌の類が、その多様なバランスを確立するのは生後まもなくから、せいぜい3～4歳までであり、それがその子の一生の健康維持に大きく影響することがわかってきています。

その重要な時期に、事あるごとに石鹸で手を洗い、アルコール消毒をさせられることが、いかに自然の営みに反しているか、数字からの恐怖が大切なことを隠してしまいました。

大人にも大切なことが隠されています。私たちは、地球上に生命が誕生した６億年も前から、生物としての進化を通して細菌やウイルスと共存する道を選択してきました。様々な細菌やウイルスに日々曝露されることで、免疫記憶や機能を常にアップデートしています。無症状陽性者は、体内にウイルスが侵入してきたのに症状が出なかったということですから、ワクチンの副作用を経験することなく、効果を得られたと同じことになります。

１万人／１日の中には、歓迎すべき陽性者も相当数含まれているはずなのですが、国もマスコミも、こんな基本的なことでさえ広く発信することはありませんでした。

数字を見極める思考力はこれだけ見ても明らかですが、国民の多くが「感染者数の拡大」という一点のみに着目させられ、最後は中長期的な安全性が保障されていないワクチンに殺到するという、パニック下での集団心理に陥っていきました。国を信じ、マスコミを信じて、たったそれだけの根拠で軽々しく物事を信じたとしたら、ここで一度立ち止まって、考えを整理してみるべきではないでしょうか。

ここでは、「こういう情報もある」というものを列記していき、その都度、私の解釈と、そこに至った根拠を示していきます。

たとえば、「曝露したけれど無症状＝ワクチン接種して副反応なし」の論述に、「自然抗体とワクチン由来の抗体云々」というところから反論を述べるワクチンを推進する専門家の方もいますが、私が信頼する専門家諸氏は、そうしたことにも科学的根拠をもとに更に踏み込んだ論述を展開してくれています。しかし、その逆はあまり見たことがありません。極端な例では、「専門家ともあろうものがデマを流している」という何の反論にもなっていない論調まであります。

では、最初に「(ワクチンに関する) デマを流している」と言っていた当時のワクチン担当大臣が発信していたことを時系列でたどって記載し、その後に「デマを流していたとされる専門家諸氏等」がその当時発信していたことを列記してみます。

本当に懐疑派の発信がデマだったのか、デマと言っていたことがデマだったのか、禅問答のようですが、真実は100人いれば100通り存在するというのが理でしょう。しかし、子ども達に関わる大人達、特に教育者であれば尚更、事実を見極める力を発揮していくことは、喫緊《きっきん》の課題ではないでしょうか。

《担当大臣の発言》

・打てば少なくとも1年はもつ（2021年6月20日）。
・打てば重症化しないだけでなく、たぶん感染しないし他の人にも感染させない（2021年7月2日）。
・アメリカで2億回打っても誰も死んでいない。
・打ったら心筋炎を発症することがあって、でも、それぜんぜん気にすることありません。確率的にも小さいし軽症ですから。

《最初からワクチンに懐疑的だった専門家達の発言》

・このワクチンで感染は防げない。
・ワクチンで誘導される「スパイクタンパク」そのものが血栓毒である。
↓ 心筋梗塞や脳梗塞などの循環器系疾患で亡くなる可能性が高まる。
・接種すると免疫が落ちる上、それがいつ回復するかわからない。

↓　特に帯状疱疹や癌、リウマチや間質性肺炎などの発症リスクが高まる。他にもあらゆる疾病に対して弱くなる。
・子どもに発症した「ウイルス性の心筋炎」は極めて重大な疾患。
※　次項：第74回厚生労働省副反応検討部会資料より抜粋（令和3年12月24日開催）。

次項の表を見ていただけばわかる通り、子どもへの接種が始まってまもなくの時点でこの状況です。しかし、現場の医師の中には、心筋炎とワクチン接種の関連性について理解していない方もいるようです。また、新しいワクチンの場合、どんな小さなことでも報告する義務が法律で規定されていますが、手続きがかなり面倒なのに対して、義務を怠っても罰則規定がないため、上がってこない例も多数あることが容易に想像できます。

なお、2021年8～11月における12歳の子どもの副反応報告には、他にも肝機能障害、腹部リンパ節腫脹、骨髄炎、歩行障害（不能）、筋力低下、意識消失、脳炎、脳症、意識障害など、多岐に渡る報告があります。

厚労省でも、２０２１年12月3日に心筋炎・心膜炎を、２０２２年6月22日にギラン・バレー症候群（筋肉や関節に力が入らない、立って歩けない、関節が痛むなど）をワクチン接種に関わる重大な副反応に認定しました。その後接種した方は、接種時に医師や行政機関からそのような説明を受けたでしょうか？　心筋炎は確率的にも小さいと言っても、そこに当たってしまった子どもに、担当大臣自らが「小さい確率に当たってしまって残念だったね」と言えるのでしょうか。

それに、そもそも本当に小さい確率なのでしょうか。

新型コロナで子どもが重症化する確率は限りなくゼロに近かったのです。

NO	年齢	性別	接種日	発症日	発症までの日数	重篤度	
21645	12	女性	2021/8/16	2021/8/19	3	重い	心筋炎
22966	12	女性	2021/9/3	2021/9/7	4	重い	心筋炎
24395	12	男性	2021/10/7	2021/10/10	3	重い	心筋炎・心膜炎
24883	12	男性	2021/10/9	2021/10/10	1	重い	心筋炎
25109	12	男性	2021/10/21	2021/10/23	2	重い	心筋炎・心膜炎
25274	12	男性	2021/10/28	2021/10/31	3	重い	心筋炎
25548	12	男性	2021/11/1	2021/11/13	2	重い	心筋炎
25666	12	男性	2021/11/2	2021/11/4	2	重い	心筋炎
25788	12	男性	2021/11/14	2021/11/16	2	重い	心筋炎
26154	12	男性	2021/11/14	2021/11/17	3	重い	心筋炎

12歳の子どもの副反応報告
第74回厚生労働省副反応検討部会資料より抜粋（令和３年12月24日開催）

また、米国のＶＡＥＲＳ[1]には，膨大な数の死亡者と重篤な副作用被害報告が上がっています。

死亡（３１５６９件）
恒久的身体障害（５１１２７件）
命に関わる障害（３４４９２件）
心筋炎・心膜炎（５３３０２件）
ベル麻痺（１６１８４件）　他多数

ＶＡＥＲＳは「ＣＤＣ（アメリカ疾病予防管理センター）」と「ＦＤＡ（アメリカ食品医薬品局）」が共同で管理している予防接種後の健康被害（因果関係を問わないワクチン接種後のあらゆる有害事象）の自発報告を受けて分析するシステムで、医師に限らず誰でも報告や閲覧することができます。

1　「VAERS COVID REPORTS（2022・10・14）」　https://www.openvaers.com/covid-data

そもそも「新型コロナ」って何？ ～感染受容体から読み解く～

新型コロナは、当初わからないことだらけでしたが、早い段階からわかっていたこともあります。ここではまず、感染に必要な受容体に着目して考えていきます。

ウイルスが感染する（体内の細胞内に入り込む）ためには、ウイルスの表面にあるスパイクタンパクと、人体の細胞にある受容体（一定のタンパク質）の相性が合っている必要があります。ちょうど「鍵」と「鍵穴」のような関係です。

日本でこのウイルスが問題になってから2年近くが過ぎた時点で、不透明な関連死者数名の報告を除けば、10代では「死亡者、重症者」ともにほぼ皆無でした。なぜなら、次のようなことがあったからです。

①　新型コロナウイルス（武漢株）は受容体「ACE2」がなければ感染（人の細胞内に入り込むことは）できない。

② 子どもの「ACE2」は、ほぼ活性化していない。

③ 故に子どもはほぼ感染しない。

まったく逆の意見（「ワクチンは安全」「ワクチンは危険」など）を述べる方はいますが、このACE2と感染性について違う意見を言っている方を、少なくとも私は知りません。

また、ACE2は血圧コントロールなどを担うタンパク質なので、基礎疾患がある人などの感染率が高くなり、重症化リスクも高まりますが、若くて健康な人には、子どもと同様それほど深刻な感染症ではないとも言えます。

当初は「新型肺炎」と言われていましたが、新型コロナは呼吸器系疾患につながる感染症ではなく、実際には循環器系疾患につながるものであることが、早い段階からわかっていました。急に肺が真っ白になる現象も、それ故の症状であることも分かっていましたが、マスコミなどの先導もあって、国民の多くが「わからない恐怖」から抜け出すことはありませんでした。

一方で、子どもや若者は、自分は重症化しなくても家族や知り合いに感染させてしまう危険性があると訴えている専門家も多数いました。私も、現職時代には一番危惧していた

点ですが、これもあまり科学的でないと思うようになりました。なぜなら、

④　感染は、ある程度まとまった量のウイルスが一度に曝露（喉粘膜などに付着）することが必要条件。

⑤　ウイルスが体内で増殖するには、感染する（ウイルスが人体細胞内に入りこむ）必要がある。なぜなら、曝露しただけでは増殖できないから。

この点も、真逆の意見、たとえば「数個のウイルスで感染してしまう」とか「曝露しただけでウイルスが増殖する」を言っている専門家を少なくとも私は知りません。

そこで、もう一度①～③を見た上で④と⑤を勘案すれば、

子どもはほとんど感染しない　↓　体内でウイルスは増やせない　↓　他者にうつせるほど多くのウイルスを（飛沫などで）放出する可能性は低い　↓　感染源にもほぼほぼなり得ない

となるのが理屈ではないでしょか。

他者に感染させてしまう可能性が語られる背景には、ＰＣＲ検査では感染と曝露を判別できないことが挙げられます。単なる曝露でも、免疫反応で一時的に軽い症状が出ることがありますが、重症化まで進行することはありません。何より、２年近く経っても日本全国で死者も重症者も（重度の基礎疾患を持っていた2名と自殺者1名を除けば）ほぼ皆無であった状況を見れば、この事実は科学を裏付けるに十分です。

また、子どもが高齢者に感染させ、その高齢者が重篤になった例もほとんど出ていないはずで、これも科学を裏付けてくれます。

それどころか、子どもと同居している高齢者の方が、重症化率が低いという統計データ（論文）[2]が多くの国や機関から公開されています。子どもは免疫機能が未発達なので、日頃から様々なウイルスや細菌を家庭にも持ち込んでいる。そのため、同居の高齢者も日

2　例：「Matthew D. Solomon et al. Risk of severe COVID-19 infection among adults with prior exposure to children. PNAS 2022 119 (33) e2204141119」 https://www.pnas.org/doi/10.1073/pnas.2204141119

常的に多くの病原菌やウイルスに晒されているので、免疫機能がすたれずに済んでいる、というのですが、理屈は理屈として、統計的事実はあらゆる科学を越えた根拠になり得るはずです。

ただ、ここでも国民を翻弄してきたのが「少ないウイルスで感染はできないが、曝露陽性者（単にウイルスが粘膜に付着しているだけの健康な人）が曝露陽性者を生むことは可能」という点です。たとえば、陽性判定を受けた子どもと接触があった高齢者が検査を受けると、単なる曝露でも陽性判定が出てしまう可能性は十分にあります。世の中では、そんなことが繰り返されてきました。これも、ＰＣＲ検査が曝露と感染を区別できないことの弊害の一つです。

※ オミクロン株になってからは、ＡＣＥ2を介しての感染ではなく、あらゆる粘膜から感染できる状況に変わっていきました。いわゆる上気道などからも感染するので、子どもでも急に感染するようになりました。しかし、デルタ株までの循環器に関わって血栓を誘発するタイプではないので、重症化リスクはずっと下がりました。つまり以前からある風邪のタイプに激変したわけで、正に２０２２年初めから起きはじめた事実に合っています。

また、多くの医学者が、オミクロンに変異してすぐのときから、科学的所見をちゃんと示した上で、「子どもへの感染が爆発的に増えていく」と警鐘を鳴らし始めたこととも一致します。

私は「対策なんかやめてしまえ」と言っているのではありません。ただ、国も、その方針を決めるための専門的見解を具申する専門家も、感染に関して最も基本的な情報であるACE2受容体のことになぜ全く触れないのか、それで救われたであろう多くの子ども達の身体と心の健康になぜ考えがおよばないのか、私には疑問でしかありませんでした。

年間140万人もの人が亡くなる日本で、2年以上過ぎた時点で新型コロナによる死亡者は3万数千人でした。しかしそれさえ多くは関連死です。これが新型コロナの数字が表す実態です。

※関連死＝死因は別にあっても死亡時にPCR陽性が出ていたら全てコロナ死にカウントすると、2020年6月18日に厚労省から各自治体に通達。新型コロナ感染症の流行

状況を疫学的に把握するための方策であるとされていますが、末期癌患者や脳卒中、心筋梗塞、自殺や交通事故死でもこの規定は採用されるため、真にコロナが死因となった例はほんのわずかとの報告もあります。ちなみに、厚労省が定める「病原体の危険度を表す種別」では、新型コロナウイルスは一番下の第４種に位置付けられています。「通常この感染症で命を落とすとは考え難い」というもの。しかし、行動制限などに関係する「指定感染症」の括りでは、なぜか１・２類相当に当たる最も厳しい規定が3年にも渡って採用され続けました。

宿主・感染経路・感受性者・・・とは

感染は、宿主（ウイルスなどを保有している人）と、感受性者（感染する側の人）、感染経路（空気・飛沫・接触などの伝播経路）の三つが揃って成立します。

宿主がいなければ、そこには感染症そのものが存在しないのですから、感染する要素はありません。宿主がいても、病原体が伝播していく経路がなければ感染は成立しません。更に、宿主がいて感染経路があっても、感受性者に強い免疫力があるなどして、病原体を死滅（排除）させてしまえば、やはり結果は同じです。

つまり、宿主・感受性者・感染経路の三つが全て揃って初めて感染が成立するのであって、どれか一つでも欠ければ感染症の流行はおこらないということですから、感染症対策はこの3点に着目していくことになります。

宿主対策の最たるものが「隔離」です。そのためには宿主を判別断定することが必要になってくるので、病原体そのものが強い毒性を持っている場合に有効な策となり得ます。宿主の判別断定は、発症や症状の様子によって容易だからです。

逆に、弱毒性の場合はそれが困難になります。症状が軽ければ、たとえ感染していたとしても本人は容易に出歩けますし、自覚することも難しいでしょう。つまり、弱毒性の感染症に隔離策を講じることは、普通に考えれば決して得策ではありません。そればかりか、社会の様々な活動を混乱させてしまうマイナス効果の方がはるかに高くなってしまう危険性があります。

新型コロナ騒動では、そこにＰＣＲ検査が大きく関与してきました。判定には使えないものを判定に使ってしまい、指定感染症１・２類に相当するほど厳しい隔離措置につなげてしまったことで、社会の混乱は計り知れないものになりました。

学校（子ども達）が受けた影響は更に甚大でした。ほとんどが無症状や軽い症状の子ども達に、極めて曖昧な検査で出した結果を根拠に隔離することで、貴重な学びの機会を奪い、心に深い傷を負わせるような対応を大人達が強いてきたのです。

本来は、こうした弱毒タイプの感染症で有効なのは感受性者対策ですが、目に見えやすいのはワクチンでしょうか。伝播してきた病原体を、薬物で獲得した免疫力によって撃退してしまおう、というものですから。

なお、ワクチンは薬物とは区別されるべきものですが、ｍＲＮＡワクチンに関しては科学的に合成されたものですから本来は薬物の範疇です。いずれにしろ、ワクチンは副作用の問題を避けては通れませんので慎重に判断すべきところですし、他にも様々な課題が関連してくるので、ここでは一般的な感受性者対策について説明します。

そんなに難しい話ではありません。正しい食習慣、睡眠や休養時間の確保、楽しく充実した生活など、健康な生活を送るために語られてきた普通のことです。私たち人類は、様々な細菌やウイルスとの関わりを通して、見事なまでに美しい免疫システムを獲得してきました。特定の病原体に一点集中したワクチンなどとは比べ物にならないほど複雑で、広い対応力を持った自己免疫という部隊を誰もが持っているのです。健全な生活習慣によって、その力をより向上させ、活性化していくことこそが最大の感受性者対策に他なりません。

ちなみに、インフルエンザワクチンも、「前橋リポート」[3]の中で、その効果はほぼ否定されていますし、インフルエンザ脳症も、インフルエンザそのものが原因ではなく、多くはボルタレンやポンタールといった薬剤による解熱剤脳症だったことが、もう20年以上も前に厚労省から正式に伝えられています。しかし、日本のインフルエンザワクチン接種状況や医療機関の対応、医師の認識、マスコミの報道などを見ていると、いまだにちゃんと伝わっているとは思えません。

こうした様々な条件を縦横に検証しながら、正しい感受性者対策について立ち止まって検証していくことは、コロナ対策でも極めて重要なポイントだったはずです。そうすれば、少なくともPCR検査と関連死の採用で、その危険性（実態）をここまで不明確にされた感染症に対して、5年から10年先の安全性は不明であり、有効性・安全性が確立されてい

3　前橋市インフルエンザ研究班 編　ワクチン非接種地域におけるインフルエンザ流行状況　トヨタ財団助成研究報告書　1987・1

ないワクチンに1億人近くが殺到するなどという事態には至らなかったと思います。

最後は感染経路対策ですが、空気感染ではほとんど対策のしようがありません。空気に乗ってやってくる病原体なんて、どこからどううつってくるかなんてわからないのですから。あえて言えば、まさに「三密回避」くらいでしょう。しかしその場合、それによって失われる生活の質、流通や経済に関わる国富の損失などを無視するわけにはいきません。

一方、飛沫と接触は、伝播の流れを想像することが、かなり容易になります。

大きな飛沫は、主に宿主の咳やくしゃみ、発声などによって排出されますが、飛んでいく方向や距離には一定の法則があるので、その特性を抑えておけば回避できる可能性は高まります。私が子ども達に「想像しよう」と訴えていたのもこの点です。

また接触感染は、時差感染があるということに注意が必要になります。そこに人はいなくても、数分前にいた人が宿主だった場合、後からそこに来た人に伝播していくことがあり得るということで、状況が見えないだけに更に高い想像力が必要になってきます。

いずれにしろ、国が発信していたのも、多くは感染経路対策でした。マスク着用や会話時の距離の確保、ドアノブや机イスなどの消毒などがそれです。

マスクや消毒の効罪

長時間マスクを着用していることに懸念を示す多くの方が、「マスクで感染は防げない」と主張していました。私も、当初はそこが気になっていましたが、現在ではあまり大きな問題だと思っていません。なぜなら、マスクが感染を絶対に防げないなんてことはないと思うからです。飛沫感染がある以上、宿主が近くで話しているとき、その人がマスクをしていたとしたら、していない場合より感染リスクを減らせるのは物理的に当たり前のことだと思います。ただ、ここで考えるべきは、この問題を「宿主ありき」だけで考えていいか、ということです。公衆衛生は、集団全体を俯瞰してみるべきです。

仮に100人の集団がいたとします。中に一人だけ感染者がいたとしたら、その人が発声を伴うような場面でマスクをしていることには意味があるでしょう。しかし、他の99人がマスクをしていることには「健康な人がマスクをしていることで生じる弊害」しかありません。また、感染者の周りの人でも、感染者のマスクを通り抜けてきた小さな飛沫は、いくら自分がマスクをしていても同じように通り抜けてくるのは道理です。それどころか、マスク内は陰圧状態になっているので、マスクと顔の隙間が、周囲の空気を勢いよく集めてしまう逆効果も生むでしょう。水中で水中メガネと顔の間に一瞬、ほんのちょっとの隙間ができただけで、勢いよく水が流れ込んでくるのと同じ原理です。

更に、いくら健康な人間でも、酸欠が常態化すれば自己免疫力は確実に落ちていきます。「マスク着用がかえってマイナス要因になる」と考える方が理にかなっています。

このように、多くの場面でマスクが効果的と発信し続けてきた専門家や国、自治体などは、この件に関して極めて偏った方向からしか見ていないように思えます。

ここでマスク着用に意味があるのは「●」の一名のみですが、当人だけのことを考えれば、呼吸というデトックス作用を制限してしまうマスク着用は、かえって病気を長引かせる要因になり得ます。咳やくしゃみは自分にとって有害なものを体外に排出する重要な免疫反

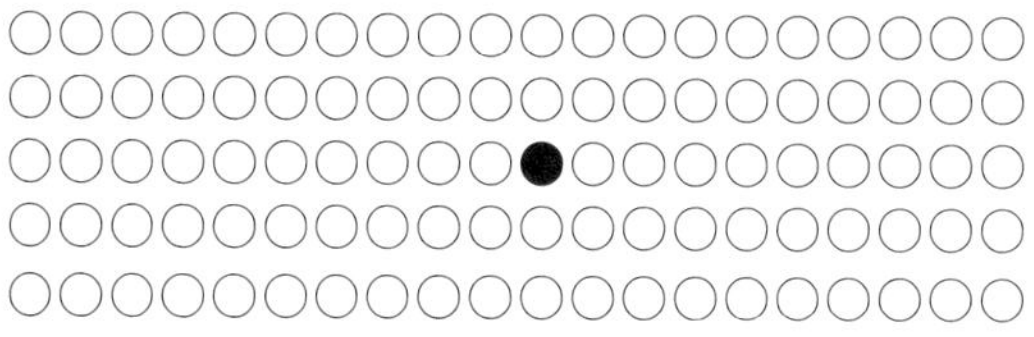

●＝感染者（有症状）
○＝健康な人々

応なので、それをわざわざ止めてしまい、再吸引するようなやりかたは最悪の対処法です。宿主であっても、他者に会わない状況下ならマスクなどしない方がいいに決まっているのです。それを、まるでマスクは薬の如きものだと勘違いしていると、最もやってはいけないことを妄信し続けることになります。

また、一日中着けていたマスクは想像以上に汚れています。息を吸うときには、せっかくきれいだった外気が、ここを通ってきたことで汚されてしまった上に、止められた呼気の中の雑菌類も、付着していたマスク内側から剥がれて、一緒に再吸入されていきます。マスク表面に殺菌剤が塗布されていれば、そこで増殖した菌類は耐性菌ということになりますから、事態は益々深刻です。

更に問題なのは、無症候感染者が強調されたことです。本来はそのほとんどが「○」で構成されている集団

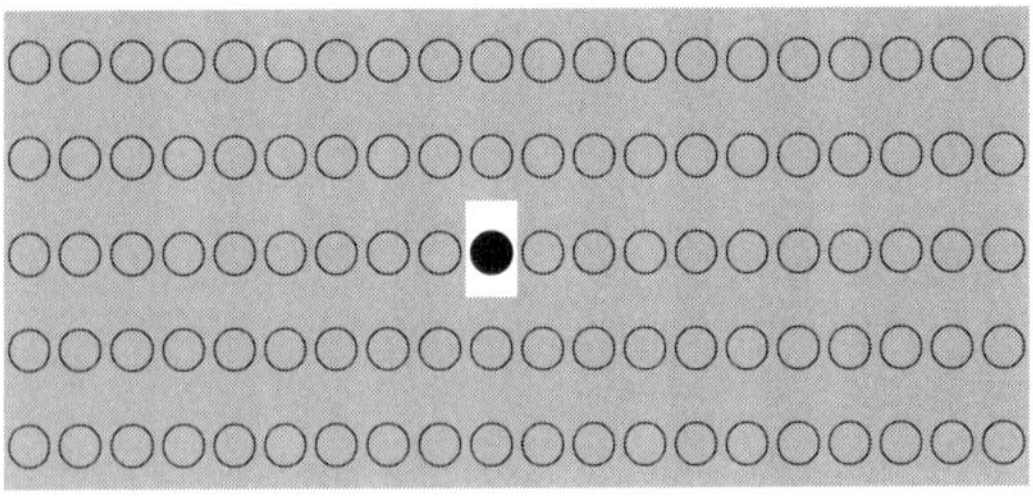

●＝感染者（有症状）
○＝「無症状感染者かも」と言われる
○＝健康な人は概念の中から黙殺されてしまった？

の全員に、「無症状なのに感染者かも＝〇」のラベリングがされてしまいました。それによって、大多数の「単に健康な人＝〇」の全員までが、「あなたは感染者かもしれない」と言われ続けながら、マスク着用を半ば強制される事態に追い込まれていきました。残念なことに、学校がその最たる場所となってしまっていたようにも見えます。

最後に、健康な人が長時間マスクを着用することによって起こり得るリスクを、いくつか提示しておきます。ぜひ子どもの身になって考えてみてください。

・酸欠を招く…細胞のミトコンドリア活性が低下し、免疫力の低下を招く。
・呼吸は浅くなり、血流が悪化し、必要な栄養素が全身に行き渡らなくなる。
・子どもは吸気酸素のうち約50％が脳に運ばれる（大人はせいぜい25％）ため、マスクで呼吸が苦しくなると、より多くの酸素を得ようとして口呼吸が促進される。鼻呼吸は加温、加湿、一酸化窒素の産生などを担い、血管の柔軟性を獲得、血流促進、殺菌作用、気道の正常化など、健康維持に大きな役割を果たしているが、その多くがマスク着用日常化で反故にされてしまう危険性がある。

・呼吸を深く吸って思いきり吐くことで脳の発達が促される。そのため、成長期にある子どもが大声を出したり叫んだりするのは自然の行動である。

・不織布マスクに施された抗菌剤や滅菌剤（二酸化チタンナノ粒子、グラフェインナノ粒子など）は、神経毒性や生殖毒性もある。肺に蓄積していけば、将来的に深刻な健康被害を起こす可能性もある。

・ホルムアルデヒドなどの揮発性有機化合物が、アトピーを発症する基準の6倍近くも揮発していることが、すでに2021年に日本薬学会で報告されている。

・不織布とは、文字通り「織らない布」であり、原料は石油などのためマイクロプラスチックなどが混入している可能性もある。その断片が吸入され、肺に蓄積していけば将来の健康被害リスクが高まる可能性もある。

・表情筋が使えなくなると、社会的動物である人間は、自立神経や高度な脳機能の発達が抑制されてしまう。（ポリヴェガール理論）

・乳幼児期には、相手の表情を見て人間としての感情を学んでいくが、周りが皆マスクをしている環境下では、言葉の習得や情緒面での経験も抑制されてしまう。
・マスクそのものが、不安感情や恐怖心が定着する上で、極めてシンボリックなアイテムになり得る。

一部掲げただけでも多岐に渡るリスクがありますが、更に深刻なのは、脳の各機能部位には感受性期があるという点です。それぞれの機能は、発達促進期を過ぎると、不要な脳細胞は消されてしまい後戻りできません。取返しがつかないのです。

たとえば視覚野と聴覚野は最も早くその時期を過ぎてしまうため、目と耳を連携させて学ぶ言語の本質や、表情を読み取ることで感じ取っていく繊細な感性のようなところは、もう二度と学べない可能性もあります。

その他にも、頭痛・吐き気・過呼吸・食欲低下・耳鳴り・睡眠障害・めまい・学習障害など、枚挙にいとまがありません。怖いのは、最初のころはそうした異変への自覚症状があるのに、何日にも渡って同じ環境の中にいると、それが常態化して自覚症状がなくなっていくことです。あとは気付かぬうちに、だんだんと健康を損なっていく危険な状況に陥っていきます。

子ども達が、「念のため」のマスクを外せないところまできてしまっているとしたら、大人の責任は重大です。特に教育者なら尚のこと、マスクの予防効果を軽々しく信じたことで強力にマスク着用を推し進めてきたとしたら、今こそ、更に強い覚悟で外せる環境の整備や指導の工夫をする決意を持って取り組むべきではないでしょうか。

もう一つ大切なことが、過剰な消毒と腸内細菌叢の問題です。

腸内細菌が健康に大きく関与していることは知られていますが、特に近年の研究を集約すれば、腸内細菌環境が人の健康の全てを支えていると言っても過言ではないほど、多くの役割を担っていることが解明されています。しかし、コロナ禍においては、完全に無視して対策が進められてきました。アルコール消毒がその最たる例です。

アルコール消毒で消されるのはコロナウイルスだけではありません。腸内細菌は、もともと体内にあるものではなく、多くは手や食物を介して口から入るものです。清潔過ぎる環境下ではアトピーの発症率が高まることも知られている通り、コロナ禍での消毒の徹底が、子ども達の健康に今後どのように影響してくるか、慎重に見ていく必要があります。本来必要なはずの常在菌も同時に消されてしまうことがいかに危険か、対処療法的な医薬品を軸に感染症対応をする西洋医学では、除外することばかりに注目して、あるものと共存する視点には概して無頓着です。

たとえば、難病に苦しむ人の腸内細菌叢を調べると、その数というより種類が少ないことが最近の研究でわかってきました。腸内細菌は人間の腸内が最も住みやすいところなので、宿主である人の健康保持増進のために、ありとあらゆることをしてくれます。更には、腸と脳の密接な関係も解明されてきて、ビタミンやタンパク質の合成にとどまらず、ドーパミンのような精神安定に関わるホルモンの生成にまで関わっていることも分かってきました。腸内細菌叢の多様性を欠くことが、後々精神疾患につながる可能性を示唆する研究もあります。

また、腸内で働く栄養分解酵素のうち、タンパク質、デンプン、油脂に関わる酵素を人は自前で持っていますが、セルロース分解酵素は腸内細菌が担っていることも分かっています。野菜を食べても、腸内細菌なしでは私たちはそれを分解できないということです。

そして、そうした重要な働きをしてくれるのは、多様な種類が共存し、互いに生存競争を繰り広げていることで、決まったものが突出しない絶妙なバランスを保ってのことです。ところが、過剰な消毒を繰り返すうちに一定の耐性菌が優位になり、多様な中では何もしなかった細菌類が「悪玉菌」に変身する事態も出てきます。

ここで重要なことは、腸内細菌叢の多様性は3〜4歳ころまでに形成されてしまうということです。残念ながら、そこでしっかり細菌叢の形成ができていないと、その後はある程度意識して多様な細菌類を取り入れる努力をしない限り多様性が保たれません。子どものうちに何でも口に入れる行動の根底には、そうした本能的な裏付けもあるのかもしれません。大人の一方的な価値観で「きたない！」と言って、舐め行動を過剰に制限してしまったとしたら、その子は、一生を通して不健康な身体と付き合っていくことになるかもしれません。乳幼児を過剰なアルコール消毒に促すことは、その最たる過ちとなりえます。

なお、過度なアルコール消毒は、手肌から必要以上に皮脂を奪うので手荒れの原因にもなり、自然免疫の一番の基本である皮膚のバリア機能が働かなくなってしまいます。かえって細菌やウイルスからの感染防御力が弱くなってしまう点も見落とせません。

ワクチン考

今の日本では、ワクチンは極めてナイーブな問題です。

コロナ禍が始まった当初のマスク問題もそうですが、ワクチンを境に生じた国民の分断は更に激烈なものでした。根源にあるのは不安と恐怖だと思っていますが、この問題を更に複雑にしているのは、ワクチンが有効だと考えている人たちの中にも「ワクチンそのものへの不安」があるかに見える点です。もし、ワクチンが安全・安心を提供してくれるのならば、接種が始まった後は、世の中はゆるやかに正常化していき、この問題を挟んでこれほどの分断は生まれなかったでしょう。しかし、現状はそうはなっていません。

私自身、様々な場面で、この件に関して対話を試みたことがありますが、その都度、相手は背中を向けて立ち去るばかりでした。もしも彼らが、ワクチンの安全性や有効性を確信していたなら、安心した心持で「あなたもこれで安心できるのに」と言って、逆に私を説得しようとしてもおかしくありません。しかし実際には、多くの人が「この問題は直視したくない」という意思を示しているように思えてなりませんでした。

ワクチンの有効性や安全性について論じる前に、まず私には「感染症そのもの」に対する不安はないことをお伝えしておきます。

そう発言すると、「実際に亡くなったり大変な思いをしたりしている人たちもいるのに・・・あまりに無責任では」との指摘を耳にします。もちろん、この感染症によって命を落とすこともあるでしょう。大変な後遺症に悩まされるかもしれません。確率はゼロではありません。しかし、それは新型コロナに限ったことではありません。要は確率の問題です。この世に「絶対」ということは少ないのですから、ここはリスクにさらされる確率と、そのリスクに対して抱いた不安や恐怖によって失われる「生きることの質（ＱＯＬ）」とを天秤にかけたときの話です。そういう意味で、私に不安はありません。交通事故を極度に恐れていたら一切外にも出られなくなりますが、ほとんどの国民がそんなことにはなっていないのと同じことです。

こんなこともありました。２０２1年の暮れに私の講演会を視聴した方に、その数ヶ月後、あるお店でたまたま再会したときに話してくれたことです。

「講演会の後、しばらくして陽性判定を受けて隔離生活を余儀なくされました（２０２２年の春先は、まだ新型コロナへの不安に迷走している真最中です）。そんな中、同じように陽性になった方々が強い不安を抱えて過ごすのを見聞きしていましたが、私は先生の話を聞いていたおかげで、新型コロナに関することを十分理解できていましたから、とてもゆったりと安心して療養生活を送れました。あのとき話を聞いていなかったら、きっと私も大きな不安の中でパニックに陥っていたかもしれません。本当にありがとうございました」と。

「わからない」が引き起こす不安は、理解が進めば解消されるのです。

また、こうしたことについて身近な人達と話そうと思っても、アンテナを閉じられてしまえば対話もできません。「分かってもらえないこと」ではなく、「対話さえできないこと」は大きな問題だと思います。

そうした社会的感情に拍車をかけた一つが、主要大手マスコミの報道です。ワクチンやマスクに懐疑的な姿勢を示す人たちを「陰謀論者」として一括りにしたり、ワクチン接種会場に押しかけて暴れるなど、明らかに暴力的な行動に出る人達ばかりに焦点を当てることで、「懐疑派＝反社会的な人々」というようなイメージが刷り込まれていきました。

そうした報道を受けて、多くの国民が敵視する対象をつくることで、ワクチンそのものへの不安から目を背けようとしているように見えることさえありました。分断は益々深まっていきました。


一方、懐疑派の多くは「科学的に考えよう」を基本に進めてきました。羅針盤とすべきは感情論ではなく、まずは科学的根拠です。国も、こういうときのために多くの国家予算を投じて科学者を育成してきたはずですが、なぜかコロナ禍での政治判断では、公平公正な議論を経て時々の最適解を模索しようという場面がほとんどなかったように見えます。

また、科学はランダム化比較試験（ＲＣＴ）のように、最後は事実との相関によって検証していくしかないのですが、それもほぼ無視された中で空虚な政治的判断が進められていきました。マスク着用率世界一、ワクチン接種率世界一にも関わらず、感染者（陽性者）数世界一、関連死者数世界一との結果が出ても、「マスクは有効、ワクチンは効果的」が、これを執筆中の現在（２０２３年12月）でも盲信され続けています。

この件は、「検査体制（検査数）や報告義務など、様々な条件が他国とは違って…」ななど言って取り合わない専門家もいますが、本質的な問題は、こうしたことを正面から真摯に論じ合う環境やシステムがまったく確立されてない点です。結局、科学的見解を羅針盤に未来を創造していくという「健全な政治判断体制」から遠いところで、国民の生命に関わる重要案件が粛々と決められてきました。

国会や厚労委員会などにおいて、一部の超党派議員や有志医師団などが、具体的に切り込んだ議論の場を何度も設定していますが、それに対する厚労省職員や御用学者の回答は全く的を射ていない苦し紛れのものがほとんどでした。公の討論会で答えになっていない答えが横行するそんな状況も、大手マスコミが完全にスルーしているので、一般国民にはほとんど実態が伝わることもないまま現在に至っています。

前置きが長くなりましたが、ここからは、出所の明らかな論文や、オープンデータなどで公になっているにも関わらず、多くの国民に伝わっていないことを列記していきます。ただ、それらを読み解いている自分（私）の解釈が関わることは避けられませんし、論文やデータを作成した人の解釈から完全に独立することもできません。

それでも、手がかりが全くないわけではありません。その一つに、論文作成者や団体が営利企業や各種団体との利益相反関係にないことや、机上の論を裏付けるために事実との相関を広く検証しているかなど踏まえて、複数の論文を審査した結果、「メタアナシス」や「システマティック・レビュー（最も信頼性の高い論文）」として位置付けられたものの存在などもあります。

特に、マスク問題やワクチン問題では、その論文や数字の出所が、製薬会社など利益相反にある団体から独立しているかどうかは大きな判断材料になります。今の医薬品業界の経済規模は、世界の軍事費をも大きく上回る莫大なものなのですから尚更注意が必要です。WHOでさえ、運営資金の多くが製薬会社絡みの私企業から供出されている事実は、論文などの信憑性を判断する上では重要な視点となり得ると考えるべきです。

> ① 本ワクチンは、新しい種類のワクチンのため、これまでに明らかになっていない症状が出る可能性があります。（厚生労働省）[4]
>
> ※ mRNAワクチンの中長期的安全性はわからないということ。

4 「厚生労働省」 https://www.mhlw.go.jp/stf/seisakunitsuite/bunya/vaccine_pfizer.html

②　予防接種健康被害救済制度認定件数（２０２３年12月18日公表分まで　厚生労働省）[5]

・新型コロナワクチン（２０２１年２月から接種開始）
・・・５５２６件（うち死亡認定数３８１件）

・これまでの（新型コロナワクチンを除く）全ての定期接種によるワクチンでの認定件数（１９７７年２月～２０２１年12月）[6]
・・・３５２２件（うち死亡認定数１５１件）

※　新型コロナワクチンによるものは、現在も審査待ちのものが３０００件以上ある。

※「接種によって救われた命もある」との意見もあるが、注視すべきことは感染によって被害受けた人のほとんどが重篤な基礎疾患をもっていたり、免疫力の衰えた高齢者であったりするのに対して、ワクチンの副作用で健康被害を受けたり、死亡した人達には、若年層を含む健康だった人達が多く含まれている点である。その意味で、疾病を患った人に施す治療と、本来健康な人へ接種するワクチンとでは、全く違うものであると認識すべきである。

5　「厚生労働省　第１６６回　疾病・障害認定審査会　感染症・予防接種審査分科会　審議結果」
https://www.mhlw.go.jp/content/10900000/001179956.pdf

6　「厚生労働省　予防接種健康被害救済制度認定者数」 https://www.mhlw.go.jp/topics/bcg/other/6.html

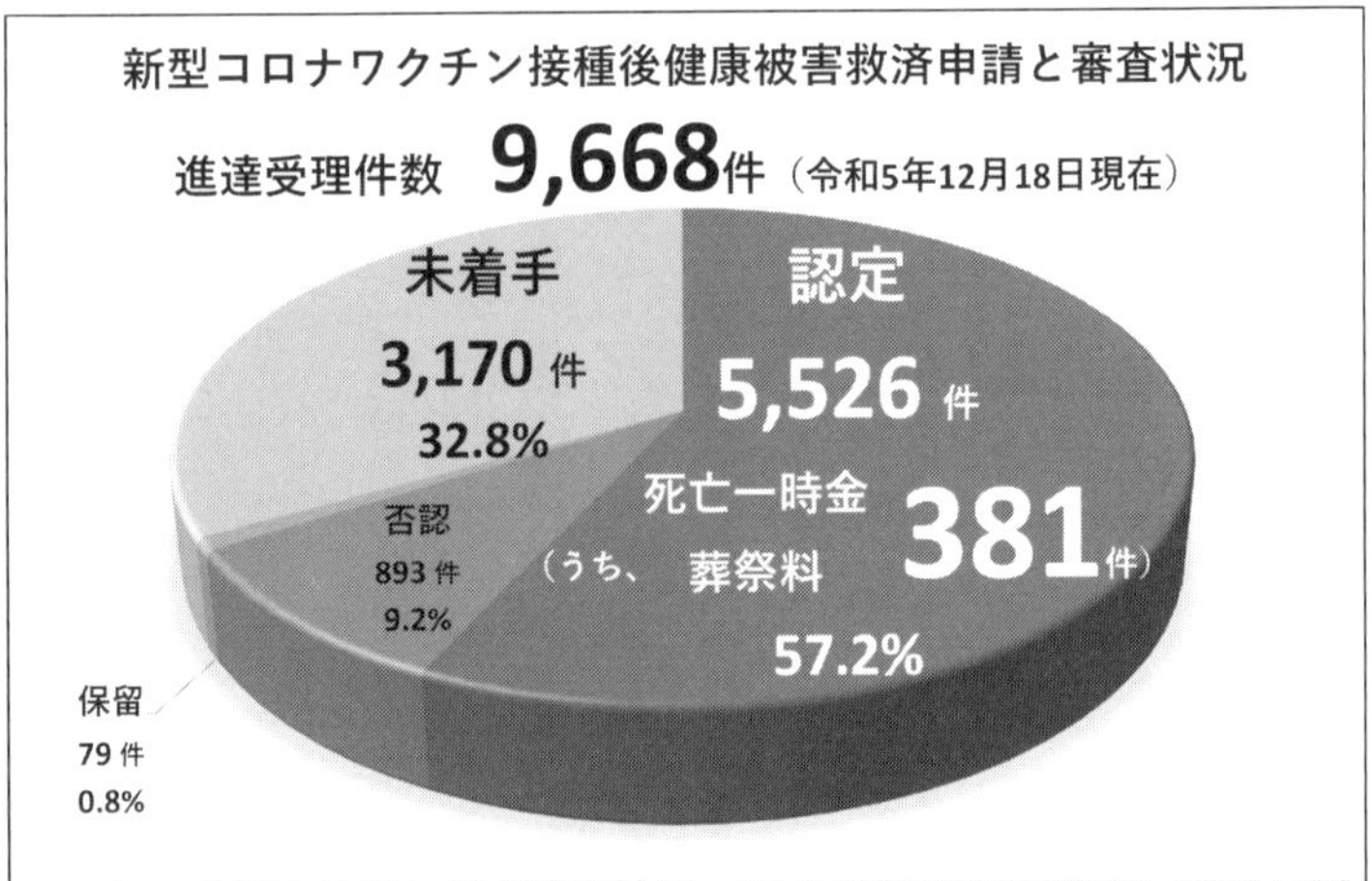

厚生労働省疾病・障害認定審査会 感染症・予防接種審査分科会新型コロナウイルス感染症予防接種健康被害審査 審議結果より作成

	過去45年間注）の定期接種による全てのワクチン（新型コロナワクチンを除く）	新型コロナワクチン（2023年12月18日現在）
認定件数	3,522	**5,526**
うち 死亡一時金／葬祭料 に対する認定件数	151	**381**
		（進達受理件数は1,072件）

注）1977年2月から2021年末までの累計
厚生労働省予防接種健康被害認定者数（https://www.mhlw.go.jp/topics/bcg/other/6.html）より作成

（堀内有加里氏　作成）

③　mRNAワクチンは、体内のあらゆる細胞に取り込まれる可能性がある。（ファイザー社 コミナティ筋注添付文書2021年12月改定《第10版》等）

※mRNAワクチンは、新型コロナウイルスのスパイクタンパク質（Sタンパク質）の設計図となるmRNAを脂質の膜（LNP）に包んだワクチンであり、mRNAがヒトの細胞内に取り込まれると、このmRNAを元に細胞内でSタンパク質が産生され、新型コロナウイルスによる感染症の予防ができると考えられている。[7]　しかし、LNPに包んだmRNA製剤の体内動態は、封入されているmRNAによる影響を受けることなく、LNPに依存すると考えられている。[8]

④　Sタンパク自体が血栓毒である。

※ 新型コロナウイルスのSタンパク自体に血管内皮細胞毒性があることや、血液凝固亢進を引き起こすことにより、血小板の過剰活性化、アミロイドシグナルを伴う異常な凝固、自発的なフィブリン線維形成を引き起こしている可能性があることを示唆した研究がいくつか報告されている。[9]

7　「厚生労働省　新型コロナワクチンQ&A」　https://www.cov19-vaccine.mhlw.go.jp/qa/0021.html
8　「コミナティ筋注　特例承認に係る報告（1）（令和3年1月29日）」
https://www.mhlw.go.jp/content/10601000/000757255.pdf
9　「AHA/ASA Journals」　https://doi.org/10.1161/CIRCRESAHA.121.318902

⑤ 先行接種をしていた接種推進国では、3回目接種が始まってからわずかなタイムラグを経て感染爆発が起き、関連死者数も急増した。

※ 世界は3回目開始後の経緯を見て、多くの国民が接種を取りやめた。今や、先進20か国では日本が断トツで「6回目、7回目」の接種推進国になっている。

⑥ 変異速度の速いRNAウイルスに対して、安易に抗体を作らせることや、類似する抗原を誘導するようなワクチンを頻回接種することはリスクを伴う。

※ 「抗体依存性感染増強」や「抗原原罪」を誘発することになりかねない。[10]

⑦ 接種後の副作用発症リスクの確率は、ロットナンバーによっても大きな開きがあることは、国会の厚労委員会等でも議題に挙げられたことがあるが、国の回答は曖昧なままで進展していない。

※ mRNAワクチンの製造過程を踏まえると、生物学的製剤であるが故にもともと均一性を保って

10 ・「本間真二郎　ADE（抗体依存性増強）についてわかりやすく解説します。」 https://x.gd/Ek3db
・「荒川央　ワクチンと抗原原罪」 https://x.gd/Mm915 「堀内有加里　抗原原罪について」 https://x.gd/TujF3

作ることが難しいのと、mRNA自体が非常に不安定な物質なので、保存環境等も大きく影響する。このワクチンは危険と言っても、「自分の周りでそんなに被害が出ているとは思えない」との意見を聞くこともあるが、これから品質の安定性が向上してくれば急激に被害が広がっていく可能性もある。また、中長期的にジワジワと健康被害が広がってくる可能性も否定できない。

その他、最も基本的なこととして、

新型コロナワクチンは特例承認されたものであり、通常の承認に比べてはるかに簡素な要件で承認されている。[11]

ワクチンという枠組みでの承認であったため、そもそも人類に対して初めて使われる機序の製剤であるにもかかわらず、通常の医薬品では必須とされる動物実験での毒性試験や、

11「厚生労働省　健康・医療戦略推進本部　第7回医薬品開発協議会『資料2-4：緊急時の薬事承認制度について』（令和4年2月28日）」　https://x.gd/JaxSN

体内動態試験が実施されていない。[12]

医薬品安全性管理計画[13]（RMP：Risk Management Plan）の「重要な潜在的リスク」に「ワクチン接種に伴う疾患増強（VAED）およびワクチン関連の呼吸器疾患増強（VAERD）」が示されているにもかかわらず、リスクとベネフィットのバランスを考慮せずに、基礎疾患がある人に推奨されている。RMPの「重要な不足情報」に「妊婦または授乳婦に接種した際の安全性について」と記載されているにもかかわらず、妊婦や授乳婦にも安全だとして接種を推奨している。

※RMPとは医薬品等の承認時や製造販売後にその時点で得られている情報をもとに、安全性検討項目を特定し、それを踏まえて実施すべき市販後の情報収集、調査・試験の計画、リスクの低減を図るための対策の計画を指し、製薬企業が承認時に医薬品医療機器総合機構（PMDA：Pharmaceuticals and Medical Devices Agency）に提出する計画書である。

---

12 ・「感染症予防ワクチンの非臨床試験ガイドライン（平成22年5月27日通知）」 https://www.pmda.go.jp/files/000208184.pdf 他　医薬品インタビューフォームなど。

13 ・「『コミナティ筋注』『コミナティ筋注5〜11歳用』『コミナティRTU筋注』『コミナティ筋注6ヵ月〜4歳用』『コミナティRTU筋注1人用』に係る医薬品リスク管理計画書」 https://x.gd/IGszo

・「スパイクバックス筋注に係る医薬品リスク管理計画書」 https://x.gd/nOFQt

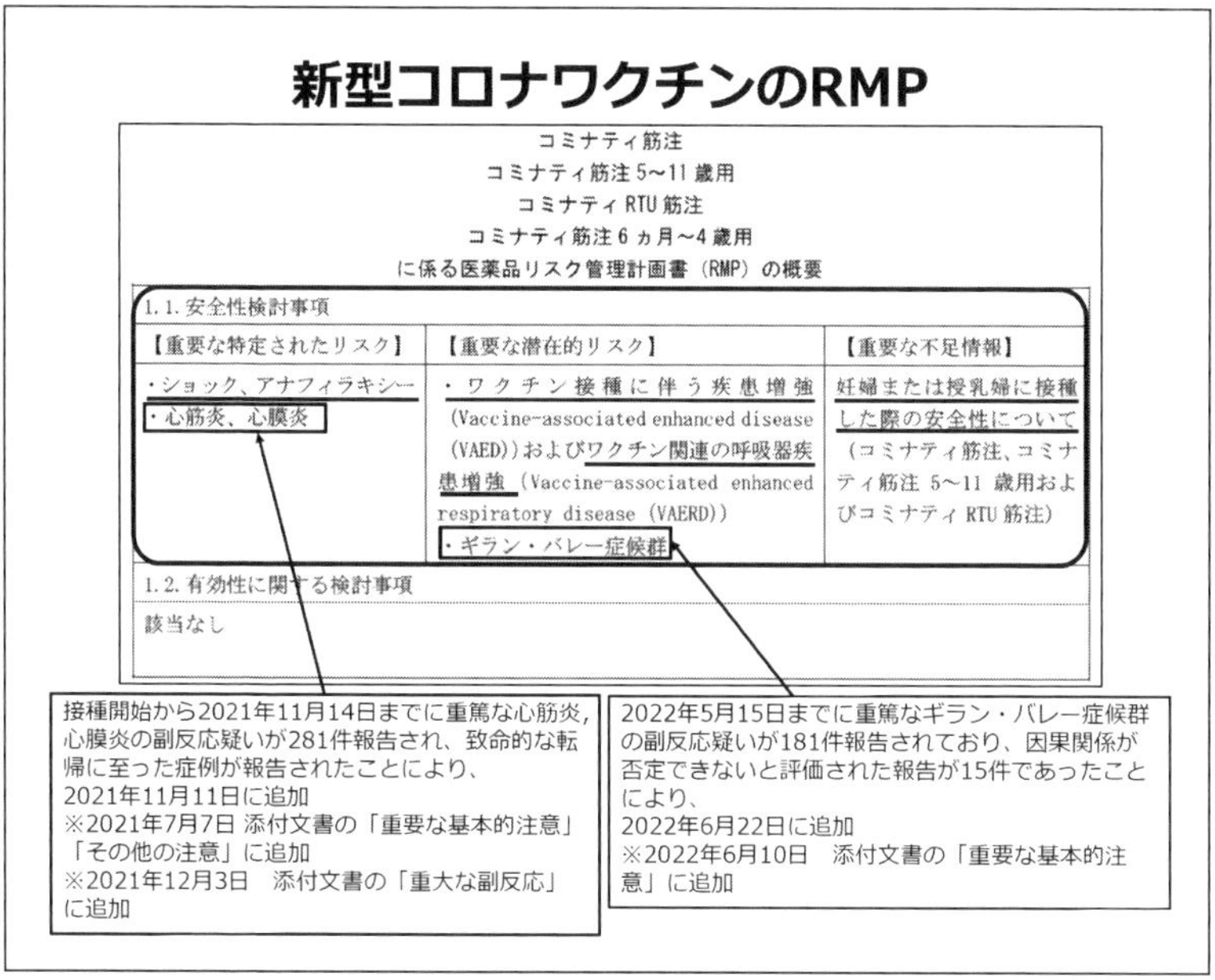
新型コロナワクチンのRMP
コミナティ筋注
コミナティ筋注 5～11 歳用
コミナティ RTU 筋注
コミナティ筋注 6 ヵ月～4 歳用
に係る医薬品リスク管理計画書（RMP）の概要
1. 1. 安全性検討事項
【重要な特定されたリスク】
・ショック、アナフィラキシー
・心筋炎、心膜炎
【重要な潜在的リスク】
・ワクチン接種に伴う疾患増強 (Vaccine-associated enhanced disease (VAED)) およびワクチン関連の呼吸器疾患増強 (Vaccine-associated enhanced respiratory disease (VAERD))
・ギラン・バレー症候群
【重要な不足情報】
妊婦または授乳婦に接種した際の安全性について（コミナティ筋注、コミナティ筋注 5～11 歳用およびコミナティ RTU 筋注）
1. 2. 有効性に関する検討事項
該当なし
接種開始から2021年11月14日までに重篤な心筋炎,心膜炎の副反応疑いが281件報告され、致命的な転帰に至った症例が報告されたことにより、2021年11月11日に追加
※2021年7月7日 添付文書の「重要な基本的注意」「その他の注意」に追加
※2021年12月3日　添付文書の「重大な副反応」に追加
2022年5月15日までに重篤なギラン・バレー症候群の副反応疑いが181件報告されており、因果関係が否定できないと評価された報告が15件であったことにより、
2022年6月22日に追加
※2022年6月10日　添付文書の「重要な基本的注意」に追加

（堀内有加里氏　作成）

他にも、世界中からワクチンへの懸念を論じた論文や統計資料は無数に出されていますので、本章の最後P182にいくつかご紹介します（2023年10月時点ですでに800０を超えています）。それらを見ていくと、同様の内容の論文や臨床例報告も多数ありますが、ファクトチェックと称して「確証はない」との論説もあるので、現時点では慎重に見ていくべきかもしれません。ただしここで重要なことは、この論文が「間違っていたら」という視点とともに、「もしも当たっていたら」を視野に入れておくことです。

たとえば、実際には間違っていたのに、多くの人が信じたことで接種が進まなかった場合、それで起こり得る被害がどれほどのものになるか。逆に、もしも当たっていたのに、情報が伝えられないまま大多数の国民が接種を続けた場合、それで起こり得る被害がどれほどになるか。ウイルスに限らず、ワクチンも未知のものである以上、その予測に努めることは極めて重要だと思うのですが、国の発信にはこの視点が完全に欠落しているように見えます。「こちらの方が正しい」という論調ばかりが散見されるのには、強い違和感を抱かざるを得ません。

ワクチン接種のリスクとベネフィットを天秤にかけて判断していくには、まずは「自然の感染によって起こり得るリスクの大きさや頻度」と「ここまでに分かっているワクチン副作用で起こり得るリスクの大きさや頻度」を、できる限り正確につかんでおくことが求められるでしょう。

それにも関わらず、厚労省が発表していた「接種歴のある人と未接種者とを比較して、その後の検査陽性者数の推移はどちらに優位性があるか」とか「未接種者が感染した場合とワクチンの副作用によるものとを比較して、心筋炎の発症率はどちらがリスキーであるか」など、国民が接種の可否を判断する上で重要な情報が、改ざんと取られても仕方がない切り取り方で掲載された上、その後は調査対象から外され、更にデータは削除されてしまった例もあります。

また、感染によって被害を受けた人の多くが基礎疾患を持っていたり、高齢者であったりするのに対し、ワクチンで被害を受けた人達には、もともとは健康だった人が多く含まれていることはＰ１５９の②でも示しました。

これは「周りの大切な人のために」を、国も自治体も繰り返し発信してきたことと深く関連しています。つまり、ワクチンでの健康被害リスクがゼロではないことを踏まえれば、「高齢者１０００人を守るために健康な子ども１人が犠牲になるかもしれないリスクは許容すべき」と言っているのと同じではないでしょうか。

ワクチンを推進する上では極めて大切な視点だと思いますが、残念ながら、多くの国民が疑義を訴える状況にはなっていません。

私には、戦時下の国粋主義との違いが見出せないのですが、皆さんはいかがでしょう。

国や自治体、御用学者達が大手マスコミを通して発信してきた情報では、「ウイルスは未知で恐ろしい」の側面ばかりが強調され、一方のワクチンでは「安全で有効」ばかりが強調され、「未知の領域も多いので何が起きるかわからない」の方はほとんど報じられることがありませんでした。結果として、中身が不明の薬物を体内に注入するのに殺到するという現象が起こりました。

本来、ワクチン接種に際しては、医師が目の前の対象者に、接種で起こり得るリスクの説明を実施するのは当然のことですし、まして今回は、歴史上初めて人に広く接種を進めている新薬ですから、製薬会社の治験計画書（プロトコール）に書かれた内容を熟知しているべきは基本中の基本です。

加えて、厚労省の公式発表の内容については、接種の可否を判断する上で対象者に提示すべきが道理です。その時々で分かってくる情報の収集に努め、知識理解をアップデートしていただければ、多くの国民に冷静に判断する道が開けてくるはずです。

一般国民は医学の素人が大多数なのです。こうした生命の存続に関わることは、目の前の医師（専門家）に頼るしかありません。ぜひ、崇高なプライドを持って実践していただきたいと思います。

そして、ここまで読み進めてきた方には、もうある程度の知識は身についていると思います。ここからは、自らも情報を収集し、解釈、判断していくことが重要になってきます。

次項に、従来の「不活化ワクチン」や「弱毒化ワクチン」のリスクとベネフィットを考察した論文から、概略を記しておきます。詳しいことを知りたい方は『ワクチンよりも大切なこと』（本間真二郎 著・講談社ビーシー／講談社）を手に取ってみてください。

ワクチンの副作用について[14]

調査対象児3324人を10年に渡って追跡し、ワクチンを1回も接種していない子ども561人と1回から数回接種した子ども2763人との間で、その後の健康状態を比較しています。

① 発熱、喘息、アレルギー性鼻炎等16の症状でワクチンを1回でも接種した子どもの群が大きく増加している。
② ワクチンを受けた回数による受診の増加率でも、以下に提示したA～Eに関連した医療機関への受診率は接種回数の増加に比例して顕著に増加している。
Aアレルギー、呼吸器の病気、B注意欠陥・多動症（ADHD）といった精神疾患及び

14 「James Lyons-Weiler and Paul Thomas.Correction: Lyons-Weiler, J., et al. Relative Incidence of Office Visits and Cumulative Rates of Billed Diagnoses along the Axis of Vaccination. Int. J. Environ. Res. Public Health 2021, 18(3), 936」 https://doi.org/10.3390/ijerph18030936

問題行動等、C耳・目の病気、D皮膚や血液の病気、E摂食障害やけいれん等の胃腸の病気
③ほとんどの病気で、ワクチンを一つも接種していない子どもに比べ、一つでも接種した子どもの累計受診数は、10年間のトータル期間で顕著に増加していた。

ワクチン接種と精神発達障害との強い関連性[15]

この論文も、接種した全てのワクチンの累積による副作用を見ています。ワクチンを受けた子どもが、あらゆる急性疾患、慢性疾患、学習障害、精神発達障害で顕著な増加を示していました。たくさんの要因の中で、ワクチン接種が精神発達障害と最も強く関係していたと論じています。

見据えておくべきことは、免疫機能は何億年もかけて確立してきた、複雑で美しいデザ

15　「national library of medicine」https://www.ncbi.nlm.nih.gov/pmc/articles/PMC7268563/

インを持ち合わせていることです。その多くは、幼少期の生活環境（細菌やウイルスの曝露など）によって胸腺の発達とともに成熟していくことです。一方のワクチンは、百年と少しの期間を通して開発してきた人工物（薬品）によって、この免疫システムに一方的に踏み込んでいくことにほかならないということです。

そのためにはリスクとベネフィットを記した両方の情報が、公平に与えられることが必要最低条件です。

この本が出版されたときには、新型コロナワクチン接種が乳幼児まで含めて再び始まっているでしょう。もしかしたら、インフルエンザワクチンもｍＲＮＡに変わっているかもしれません。南相馬市では、アジアで唯一のｍＲＮＡワクチン工場が稼働し始めているでしょうし、従来の不活化や弱毒化ワクチンを生産するために必要な鶏卵も、ＰＣＲ検査で発見した鳥インフルエンザを理由に鶏を殺処分し、食用のものまで不足している状態が続いています。

製薬会社の現状を見れば、これまでと同様、一般国民には偏った情報だけを流布しながら、全てのワクチンを従来型のワクチンよりはるかに早く、かつ安く大量に作れるｍＲＮ

Ａワクチンに入れ替えてしまうことも、十分にあり得るのではないでしょうか。国においても、ｍＲＮＡワクチンの定期接種化（強制ではないが、国が接種を勧奨し、市区町村が主体となって実施する）も検討され始めています。

２０２３年3月に、百日せき、ジフテリア、破傷風、急性灰白髄炎（ポリオ）、インフルエンザ菌ｂ型（Hib）の5種混合ワクチンが承認され、9月に製造販売が承認されました。自然界では、（宿主の免疫機能が正常であれば）ウイルスが宿主を奪い合うため、たとえ2種類のウイルスであっても、同時に感染しにくく、さらに同時に免疫系に影響を及ぼすことは極めて稀であることが知られています（《ウイルス干渉説》）。[16]

しかし、ワクチンは、身体にとって明らかに不自然なアプローチで入り込んでいきます。免疫機能が攪乱させられ、将来的に大きなリスクにつながることなんて絶対にないと、誰

16
・「Yasuhiko Kamikubo, Toshio Hattori, Atsushi Takahashi. Paradoxical dynamics of SARS-CoV-2 by herd immunity and antibody-dependent enhancement. 23 June 2020, Version 2. Cambridge University Press.」 https://www.cambridge.org/engage/coe/article-details/5eed5ac5f1b696001869033f
・「Emi Takashita, Shinji Watanabe, Hideki Hasegawa, Yoshihiro Kawaoka. Are twindemics occurring? Influenza Other Respi Viruses.2023;17:e13090.」 https://onlinelibrary.wiley.com/doi/10.1111/irv.13090
・「シリーズ◎新興感染症　インタビュー　北里大学大村智記念研究所特任教授の中山哲夫氏に聞く　「ウイルス干渉」はコロナとインフルエンザでも起こる」　日経メディカル　２０２０年11月2日版

が言いきれるのでしょう。

熱が出たら「解熱の薬」を飲ませる。
鼻水が出たら「鼻水止めの薬」を飲ませる。
下痢をしたら「下痢止めの薬」を飲ませる。
風邪をひかないように「ワクチン」を打つ。
いくつものワクチンを混ぜて打つ。

特に風邪の類などでは、人の身体は症状を表に出すことで病気に打ち勝つようにできています。実際には、症状そのものが薬だと言っても過言ではないばかりか、闘った経験は免疫記憶として刻み込まれ、次の闘いで強力な武器にもなってくれます。

しかし、多くの薬はその一連の反応を途中で止めてしまうものでしかありません。

薬が果たす本来の役割は、あまりにも高熱が続くなど「闘う力」が維持できないほど体力が衰えたときに、身体の反応を一時的に麻痺させることでとりあえず解熱をし、その間に体力回復を目指させるといった緊急避難的に使うものでしかありません。薬で風邪が治るわけではないということです。

胸腺が発達途上にある子どもは尚更のことですが、将来のためにせっかく闘っている最中に、まして、軽微な症状しか出ていない段階から不要な薬を使って免疫を攪乱させてしまうことは、あまりに不自然だと考えるべきではないでしょうか。

そうやって、身体の反応や免疫を奪いながら、体内には科学物質（毒素にもなり得る）を溜めていくことで、身体はますます弱くなり、おかしくなっていくと考えられます。子どもが風邪をひくことも許されない世の中が、この先存続していけるのでしょうか。

参考までに、医師である本間真二郎氏の「インフルエンザワクチンについて」の記事を掲載いたします。

≪参考≫インフルエンザワクチンについて
（本間真二郎氏のブログ記事「インフルエンザ狂想曲」より抜粋引用）

結論を先に書きますが、インフルエンザワクチンには感染予防効果もなく（コクランレビュー2006の報告より）、重症化（小児の脳炎脳症や高齢者の肺炎）の予防効果もありません（厚生労働省インフルエンザ脳炎・脳症に関する研究1999、2000の報告より）。インフルエンザワクチンの効果を報告している論文は何百もあり、その効果も論文によってまちまちです。ワクチンを推奨する人は、効果の高い論文を、反対する人は低い論文を引用する傾向があったり、それぞれの論文の重箱の隅を突っつきあうような解説をしているのをよく見かけますが、水掛け論であり、あまり意味はないと思います。

医学論文が改ざんされるのが当たり前の時代になっていますが、コクランレビューは最も改ざんされにくいもので、世界中の数十年間（数十万例）の論文をまとめたものです。

インフルエンザワクチンは解析数が多ければ多いほど、解析年数が長ければ長いほど、効果は限りなく0（ゼロ）に近づきます。WHOも同様の見解ですが、ここでも報道の偏りなどによって正確な情報が流れない傾向にあります。

インフルエンザウイルスはとても変異の激しいウイルスで、流行の型を予測してワクチンを作るという考え方自体が理論的に破たんしています。たとえ型が一致していても、日単位で次々に変異してすぐに違う型になるからです。つまり、理論的に考えてもインフルエンザワクチンに効果はないのが当たり前なのです。

また、ワクチンには水銀などの添加物が入っているため、副作用ははっきりと目に見えない形で長期的に発生する可能性があります。他のワクチンと違い、インフルエンザワクチンは毎年接種を勧められるワクチンです。13歳未満の子どもは1年に2回接種です。水銀の脳内半減期は7～20年で、1回でも接種を受けると一生抜けない蓄積性の毒物ということです。効果のないワクチンを、1歳から接種をはじめ、小学生までは1年に2回、その後も生涯ワクチンを打ちつづけるということはどのようなことなのかを、多くの人に考えていただきたいと思います。

本間真二郎氏のFacebook記事「インフルエンザ狂想曲」より　https://x.gd/0fkYX

知識理解編の最後に、児童生徒のワクチン接種に対して校長ができることを、提案も含めて書かせていただきます。

今も私が現職の立場にあったら、厚生労働省などが公開している接種のリスクや、中長期的には予想できない症状が出るかもしれないなど、マイナス情報も生徒や保護者に積極的に発信していたと思います。

学校教育法や学校保健安全法に照らしても、児童生徒の健康に責任を負う校長として、ワクチン接種に関する科学的・専門的な情報を児童生徒や保護者にわかりやすく伝えることは、校長の職務に含まれると思いますし、それを行ったとしても、越権行為だとか違法行為だということにはならないはずです。

一方、それをしなかったからといって職務怠慢だとか職責放棄だということまでは言えないでしょう。しかし、国をあげてこれほど大々的かつ急速に接種を進め始めてきた時点で、校長自身が「何事も軽々しく信じないこと」に思いが至っていれば、できることはいくつもあっただろうとは思います。

校長がワクチン接種に関する十分な知識を持っていないのは普通ですから、通常は文科省や教育委員会が発出する文書に依存した対応しかできないだろうことも理解はできます。しかし、これまで何年もかけて教育改革を進めてきた教育者・校長であれば、省庁が公開している情報へのアクセスの仕方や、情報を追跡したり、その内容を読み取る力も十分持ち合わせているはずです。

接種を判断するのは各自の自由ですが、そこに至るためには十分な情報が必要です。そのために児童生徒や保護者に対して、集めた情報を広く知らせることは、学校が担っている役割の一つと言えるでしょう。自校の生徒のために情報を提供する行為は、校長として望ましい行為ではないでしょうか。

２０２1年の秋、ある校長からこんな話を聞きました。

先日一人の保護者から、ワクチンは打った方がいいかと聞かれたが「私もわからない」としか答えられなかった、と。

その保護者は、大いに不安だったに違いありません。もしかしたら「我が子がリスクを負うとしても、学校はワクチンを打ってほしいと思っているのか、あるいはそれほどまでは望んでいないのか」などを含め、校長に直接質問してきたのだと思います。何しろ「大切な誰かのためにワクチン接種を」のフレーズが世間に広がっていき、まるで「接種しない人は他者への思いやりが足りない人」といったイメージまでが急激に浸透していった時期です。

そんな状況下で、私がその場の校長だったらどう答えたかを考えてみました。

接種の判断は、あくまでも本人と保護者がすべきもので、私は「打ったほうがいいか」、「打たない方がいいか」を申し上げる立場にはありません。

ただし、接種を判断する上での情報提供ではお力になれる点があると思います。

国や自治体、大手マスコミなどが発信している情報を見ていると、ワクチンがもたらすメリット面にばかり偏っているようには感じています。しかし、厚生労働省のホームページなどで公開されている情報の中にも、判断する上で知っておくべきリスクが書かれたものも多数見つかります。（現在であれば）「新型コロナウイルス感染症予防接種健康被害審査会の審議結果」もお示しできます。

ただ、現状をみていると、一般の方がそこにたどり着くのが難しいことも確かです。私からそれをお伝えすることはできますので、それらを踏まえて判断されてもいいのではないでしょうか。

ワクチン接種は任意です。学校としては、接種した子どもに対してもしていない子どもに対しても、分け隔てなく学びの機会を提供することは私がなすべき責務ですので、もしもそこをご心配でしたらどうぞご安心ください。教育を受ける権利は万人に保証されているものですので。


２０２１年3月をもって定年退職した私には、残念ながら、こうしたことを発信できる場はありません。しかし、今この本を手にしている現職者であれば、その「場」も「権限」も手の中にあります。私から見れば実にうらやましい立場です。

皆さんこそが、世の中が道を逸脱しそうなとき、一石を投じられる場所に立っている方々です。一人ひとりが、子ども達の健全な成長を目指してご活躍くださることを願っております。

参考：新型コロナワクチンへの懸念を論じた論文や統計資料（一例）

内容	補足説明	出典
細胞内に入ったmRNAが細胞質に放出され、タンパク質の産生工場であるリボソームがmRNAを設計図として用いることで、その細胞内で新型コロナウイルスの特異的なスパイクタンパク（Sタンパク）を作らせるデザインになっている。	作られたSタンパクはすぐに分解されることになっているが、中には血中に長期間滞在し、その後様々な臓器に分布している例もある。	PMDA新薬の情報　コミナティ SARS-CoV-2 mRNA Vaccine (BNT162, PF-07302048) 2.6.4薬物動態試験の概要文； https://www.pmda.go.jp/drugs/2021/P20210212001/672212000_30300AMX00231_I100_2.pdf
Sタンパクを作り出した細胞は「感染した細胞」と認識され、もともとある自己免疫機能で攻撃される可能性があるため、そのリスクを回避する目的で、ワクチンそのものに「自己免疫の抑制」を促す（シュードウリジンによる）修飾がされている。	・mRNAワクチンの正式名称は「コロナウイルス修飾ウリジンRNAワクチン（SARS-CoV-2）」です。そのままだとヒトの体内で異物として認識されやすく、強い炎症反応を示してしまうため、すぐに異物として認識されないようにシュードウリジンで修飾し、さらにLNPで包んで分解しづらくしたものです。これにより炎症反応を抑えることができましたが、逆にすぐには分解されなくなったので、ヒトの身体の中に長く留まることになってしまい、「mRNAは不安定だから使われなかった分はすぐに分解されてしまう」という前提は崩れているのです。 さらに、mRNAワクチンによって産生されるSタンパクに対して、ヒトの身体は免疫反応を起こしてIgGという中和抗体を作りますが、IgGには免疫を亢進するタイプ（IgG1とIgG3）と免疫を抑えるタイプ（IgG2とIgG4）があります。IgG1とIgG3だけ産生されれば良いのですが、ワクチンを頻回接種すると、免疫を抑える働きがあるIgG4が産生されることがわかってきました。 これらのことから、mRNAワクチンを接種すると、免疫力の抑制により、多くの病気（帯状疱疹、癌、間質性肺炎、リウマチ、ギラン・バレー症候群、一般的なコロナ風邪やインフルエンザ、その他あらゆる疾病）の発症リスクが高まる可能性があります。 ・ファイザー社の治験結果報告文書では、実際にヒトに使われたときに起こり得る特記すべき副反応として、1291種類の副反応が記載されている。 ・高知大学医学部の科学者たちにより、持続的な水痘帯状疱疹ウイルス感染病変にワクチン由来のSタンパクが存在している症例が報告され、mRNAワクチン接種直後から発症、3ヶ月以上持続し難治性であった皮膚炎の病態に、ワクチン由来のSタンパクが関与している可能性が示唆されました。	・小島 勢二. mRNAワクチン接種後に見られる自己免疫疾患の増加：新規発症機序の可能性. アゴラAGORA 言論プラットフォーム https://agoraweb.jp/archives/230314044129.html ・Science Immunolugy： https://www.science.org/doi/10.1126/sciimmunol.ade2798. ・BNT162b2 5.3.6 Cumulative Analysis of Post-authorization Adverse Event Reports; https://phmpt.org/wp-content/uploads/2021/11/5.3.6-postmarketing-experience.pdf ・Mayuko Yamamoto, Misaki Kase, Hozumi Sano, Reiko Kamijima, Shigetoshi Sano. Persistent varicella zoster virus infection following mRNA COVID-19 vaccination was associated with the presence of encoded spike protein in the lesion. J Cutan Immunol Allergy. 2023:6:18-23.； https://onlinelibrary.wiley.com/doi/10.1002/cia2.12278
先行接種をしていた接種推進国では、3回目接種が始まってからわずかなタイムラグを経て感染爆発が起き、関連死者数も急増した。	世界は3回目を開始後の経緯を見て、多くの国民が接種を取りやめた。今や、先進20か国では日本が断トツで「6回目、7回目」の接種推進国になっている。	

内容	補足説明	出典
ワクチン由来のRNAが、遺伝子(DNA)に逆転写されることで、長期にわたって影響を及ぼす可能性も示唆されている。		Liguo Zhang, Alexsia Richards, M. Inmaculada Barrasa and Rudolf Jaenisch. Reverse-transcribed SARS-CoV-2 RNA can integrate into the genome of cultured human cells and can be expressed in patient-derived tissues. PNAS2021 118(21) e2105968118; https://doi.org/10.1073/pnas.2105968118.
Sタンパクは、時間をかけて「血液脳関門」を通過する可能性やスパイク蛋白にプリオン領域が存在することから様々な脳機能障害を引き起こす可能性も示唆されている。		・Rhea E.M., Logsdon A.F., Hansen K.M., Williams L.M., Reed M.J., Baumann K.K.et al.. (2021) The S1 protein of SARS-CoV-2 crosses the blood-brain barrier in mice. Nat. Neurosci. 24, 368-378 10.1038/s41593-020-00771-8 ・Letarov A.V., Babenko V.V. and Kulikov E.E. (2020) Free SARS-CoV-2 spike protein S1 particles may play a role in the pathogenesis of COVID-19 infection. Biochemistry (Moscow) 86, 257-261 10.1134/S0006297921030032 ・荒川 央. コロナワクチン接種後の加速型クロイツフェルト・ヤコブ病：IJVTPRに掲載された論文から https://note.com/hiroshi_arakawa/n/ne607351483dc ・小島 勢二. コロナワクチンによってプリオン病が発症する可能性について. アゴラAGORA 言論プラットフォーム. ；https://agora-web.jp/archives/230402232415.html) など
RMPの「重要な不足情報」に「妊婦または授乳婦に接種した際の安全性について」と記載されているにもかかわらず、妊婦や授乳婦にも安全だとして接種を推奨している。 注：RMPとは医薬品等の承認時や製造販売後にその時点で得られている情報をもとに、安全性検討項目を特定し、それを踏まえて実施すべき市販後の情報収集、調査・試験の計画、リスクの低減を図るための対策の計画を指し、製薬企業が承認時に医薬品医療機器総合機構（PMDA：Pharmaceuticals and Medical Devices Agency）に提出する計画書です。		「コミナティ筋注」「コミナティ筋注5～11歳用」「コミナティRTU筋注」「コミナティ筋注6ヵ月～4歳用」「コミナティRTU筋注1人用」に係る医薬品リスク管理計画書；https://www.pmda.go.jp/RMP/www/672212/594384d1-275d-44c1-a2fc-186aad405e98/672212_631341DA1025_029RMP.pdf

厚生労働省が発行している薬害教本

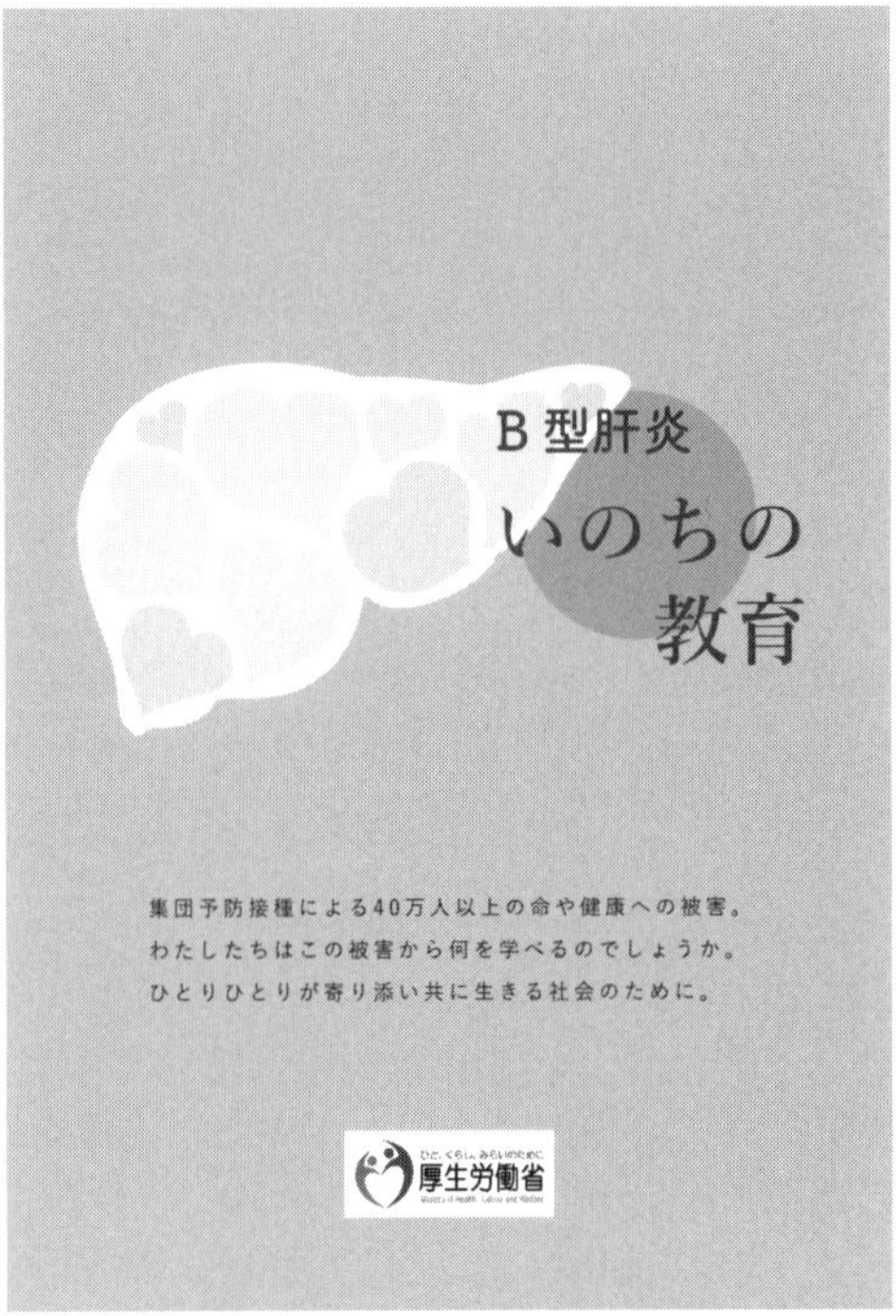

「Ｂ型肝炎　いのちの教育」

https://www.mext.go.jp/a_menu/kenko/hoken/mext_00009.html

「薬害を学ぼう」

https://www.mhlw.go.jp/bunya/iyakuhin/yakugai/index.html

おわりに

私が教員になった約40年前、採用試験の倍率は40～50倍というのは普通のことでした。それだけ人気の職業だったということです。

あれから40年近くが過ぎた現在、教員離れが深刻化しています。志望者数の激減に加え、心身のトラブルから職場を離れる者が後を絶たないなど、もはや人気の職業とは程遠いものになってしまったように感じます。

原因として言われることの一つに「多忙化問題」があります。

しかし、それは昔も存在していました。私が初任者だった頃、職員室に残っている者同士で「もうすぐ日付がかわっちゃうよ」などと声を掛け合った経験は、一度や二度ではありません。ただ、いくら忙しくても「多忙感」はありませんでした。

今の教育現場で問題視すべきことは、「多忙」ではなく「多忙感」の方だと思っています。違いは「その仕事に意味を感じられるか・・・それが子ども達のよりよい成長につながっていると思えるかどうか」だと思うのです。

志願者数の減少に伴って、教員の質の低下を危惧する意見も聞かれるようになりました。しかし、人気が落ちているにも関わらず、それでも教員になりたいと思っている人材が集まってくるのだとしたら、逆に質の向上も期待できるかもしれません。

私が、退職する前の数年間で関わった教員の中でも、志を持った若者は何人もいました。もちろん、粗削りで危なっかしいところもありましたが、それを補って余りあるエネルギーに満ちた若者に、私の方が勇気付けられたことも何度もあります。そういう人材がこの先、実態のわからない空虚な「多忙感」に押しつぶされていってしまったら、なんとも残念なことです。

多忙を多忙感にしないためには、それぞれの教員が、自分は何のためにこの道を選んだのかを日々確認しながら、最後は「全ては子どものために」を軸に、目の前の仕事の優先順位や軽重を見極めていく力が求められます。その上で、学校全体の空気感や価値観に最も色濃く関わるキーパーソンが、校長であることは間違いありません。

新型コロナパンデミックの下の学校は、間違いなくそれまで以上に多忙な職場でした。しかし、私が実践してきたことは、私にとって多忙感にはつながってはいなかった、との自負はあります。あとは、共に取り組んでくれた仲間として、教職員一人ひとりにとっても、それが「やりがいのある多忙」であったことを願うばかりです。

次代を担う若い教員達に、私は、厳しい時代だからこそその希望を持っています。この国の未来が、教育の質に委ねられていることは確かですから、その希望を胸に筆を置くことにします。

最後に、本書の出版実現にご協力くださった一般社団法人 市民審議会の片岡徹也様、中村聡良様、同じく市民審議会メンバーで、様々な調整役を担ってくださった田村知加様と、私の思いに寄り添うような素晴らしいカバーをデザインしてくださった西田美穂様。

知識理解編で、専門家ではない私の拙い原稿に根気強く朱を入れてくださった堀内有加里様。度重なる校正段階で、何度も何度も「問」を持っては、有意義なご助言、ご提案をしてくださったアメージング出版の千葉慎也様。皆様のお力が集約されたからこそ、無事に執筆を終えることができましたことに、心より感謝申し上げます。

ありがとうございました。

主な参考文献

・『マスク社会が危ない　子どもの発達に「毎日マスク」はどう影響するか？』　明和政子　著（宝島新書）
・『ワクチンの境界』　國部克彦　著（アメージング出版）
・『免疫力を高める腸内細菌』　佐々木淳　著（ＫＫロングセラーズ）
・『日本人は「口呼吸」がなぜマズいかをわかってない～ストレスを招き、不安を増長させてしまう理由～』　根来秀行著　東洋経済ONLINE　２０２２年８月２日
https://toyokeizai.net/articles/-/604232)
・『がんの中の低酸素のはなし』　近藤科江著　公益社団法人日本薬学会
https://www.pharm.or.jp/katsuyaku/202106010004436.html
・河上強志、小濱とも子、酒井信夫、高木規峰野、高橋夏子、大嶋直浩、田原麻衣子、五十嵐良明
家庭用マスクに含まれる揮発性有機化学物質及び紫外線吸収剤の実態　日本薬学会　第１４１年会（２０２１年３月26日～29日）一般ポスター発表

・マルキコラム（2022年12月26日）不織布の原料はプラスチック？マスクや不織布製品のごみの廃棄方法マルキ産業株式会社ホームページ https://www.maruisangyou.co.jp/column/column-16/
・『心身に変革をおこす「安全」と「絆」 ポリヴェーガル理論入門』 ステファン・W・ポージェス（著）、花丘ちぐさ（翻訳）（春秋社）
・東京新聞Web版（2022年9月30日）より https://x.gd/byF2C
・『コロナ禍でのヒトの育ち』 明和政子 著 国立情報学研究所 第42回教育機関DXシンポジウム https://edx.nii.ac.jp/lecture/20211029-05
・『過度なアルコール消毒は手荒れの原因に』 日医ニュース 久保亮治 著 健康ぷらざ No.554
https://www.med.or.jp/dl-med/people/plaza/554.pdf
・『厚労省が公式にデータを修正 → 「ワクチン有効」は嘘だったの衝撃』 森田洋之 著 アゴラ AGORA 言論プラットフォーム https://agora-web.jp/archives/220518041211.html
・『【検証】厚労省データ 心筋炎リスク情報も不適格～新型コロナワクチン未接種扱い問題だけじゃない！ 2つの不適格データ問題を独自検証～』 サンテレビニュース
https://www.youtube.com/watch?v=wrPxi5zg6hs&list=PLUsDdZat4vC5xdUQnyN0YK11So-0AY9DX&index=2

付録　市民審議会　活動の記録

【行政などへの働きかけと主な活動】

●2021年6月4日、子どもへのワクチン集団接種の方針を発表した岡山県総社市長あてに、方針を再検討していただくための要望書と資料を提出

●2021年6月11日、倉敷市教育委員会へ、新型コロナワクチン被接種者からの伝播のリスクについての周知を求める要望書を提出

●2021年6月17日、倉敷市幼児保育課へ、新型コロナワクチン被接種者からの伝播のリスクについての周知を求める要望書を提出。倉敷市健康保健課ワクチン対策室へ新型コロナワクチン接種事業の一時停止、もしくは被接種者からの伝播のリスクについての調査と周知を求める要望書を提出

●2021年6月24日、岡山市幼児保育課、学校従事者の福利厚生を担当する岡山市給与課に、被接種者からの伝播のリスクについて保育現場や学校現場に周知をしていただくよう説明

●2021年6月29日、岡山市保健管理課ワクチン担当様に、医療従事者への新型コロナワクチン接種の一時停止、もしくは被接種者からの伝播のリスクについての調査と周知を求める要望書を提出

●2021年6月29日、岡山県健康保健課ワクチン対策室に、医療従事者への新型コロナワクチン接種の一時停止、もしくは被接種者からの伝播のリスクについての調査と周知を求める要望書を提出

●2021年6月、接種者からの伝播のリスクについて周知を求める要望書を提出

グループメンバーの児童が所属する保育園、幼稚園、小学校などに新型コロナワクチン被接種者からの伝播のリスクについて保育者や学校関係者に周知をしていただくよう説明

●2021年7月1日、「子どもたちへの新型コロナワクチン接種停止を求める」署名開始。(https://voice.charity/events/112)　2日で1万名の署名が集まる

●2021年7月、チラシプロジェクト開始「私たちの未来を奪わないでください」チラシを全国へ無料配布。全国で約126万枚配布　延べ1450名の配布ボランティアの協力を得る。

●2021年7月15日　夏休み前厚生労働省に2万7272名の署名と要望書を提出

●2021年7月30日　地元紙（岡山）「山陽新聞」に「本当に必要ですか？子どもへのワクチン」というコピーを掲げ、意見広告を掲載。

●2021年8月12日　厚生労働省WEB面談　（7月15日に提出した要望について）

●2021年9月3日、全国の賛同者（1346名）から出資のご協力を得て日本一の発行部数809万部を誇る全国紙の「読売新聞」に掲載を実現。その後全国各地で同意見広告を掲載。

●2022年4月27日　厚生労働省に「子どもたちへの新型コロナワクチン接種停止を求める署名」80640名の署名と要望書を提出

●2022年5月12日　厚生労働省WEB面談　（4月27日に提出した要望について）

●2022年12月23日岡山県健康保健課ワクチン対策室と面談

「大学生における新型コロナワクチン接種に関するアンケート調査」の結果から考えられる新型コロナワクチン接種事業の諸問題を共有し、改善を求める

【オンライン交流会・地域交流】

●２０２１年８月〜２０２３年５月　オンライン交流会（月１回）報告会、意見交換会などを実施

●２０２１年８月〜２０２３年６月　地域別チャットグループ　各地域ごとに交流・連絡ができるチャットグループを運営

【シンポジウム・上映会開催】

●２０２１年11月13日（土）　岡山国際交流センター

新型コロナ感染対策と人権シンポジウム　〜一人一人が考えて行動する社会へ〜　約１００名の参加

●２０２２年２月12日（土）　倉敷市民会館＋全国オンライン配信

緊急シンポジウム　子どものコロナワクチンどうする？〜後悔しない選択をするために〜

５歳〜11歳へのワクチン接種の前に、保護者が新型コロナワクチンのリスクについて客観的な情報や事実を知り考える機会として、専門家による講演とパネルディスカッションを開催。現地会場とサテライト会場、オンライン配信合わせて１２００名を超える参加があった。

●２０２２年２月27日（日）　岡山市民会館

「ワクチン後遺症」上映会　＆　中国地方有志医師の会　結成記念トーク　約４００名の参加

●２０２３年１月28日「ワクチンの境界　-権力と倫理の力学-」國部克彦氏　出版記念オンライン講演会開催

約１００名の参加

●２０２３年４月23日　「心地良い」が脳を育てる　ポストコロナの子育てシンポジウム〜子どもの発達に「毎日マスク」はどう影響する？〜を開催　会場約70名、オンライン１７６名が参加。

【ワクチン被害者の会】

●２０２２年９月11日　集まろう～ワクチン被害者の会～岡山市にて開催

●２０２２年11月26日　つながろう～ワクチン被害者の会　～岡山市にて開催

【アンケート調査、図書寄贈】

●２０２１年11月11日

大学生・短大生・専門学生への新型コロナワクチン接種に関するアンケート調査、調査結果公開

●２０２３年２月　「ワクチンの境界　－権力と倫理の力学－」出版記念講演会売上と参加者の皆様からの寄付にて「ワクチンの境界」の書籍を全国２１１カ所の図書館に寄贈

【選挙候補者への公開質問状】

●２０２１年11月　第49回衆院選の立候補者へ、新型コロナウイルス感染症対策に関する公開質問状送付、回答公開

●２０２２年７月　第26回参議院選挙の立候補者へ、新型コロナウイルス感染症対策に関するウェブアンケートによる公開質問状送付、回答公開

【新聞意見広告掲載】

新聞意見広告掲載「本当に必要ですか？子どもへのワクチン」

●２０２１年

・７月30日　山陽新聞　（当会）

・9月3日　読売新聞　（当会　全国出資協力者　１３２６名）
・9月14日　北海道新聞（北海道有志賛同者）
・9月17日　沖縄タイムス、琉球新報、【沖縄】子どもたちへのコロナワクチン接種を考える会））
・9月30日　大分合同新聞　（あすなろの会）
・10月18日　南海日日新聞（奄美群島新型コロナウイルス感染対策市民審議会）
・10月19日　新潟日報（新潟あしたの会）
・11月27日　長崎新聞（長崎市有志賛同者）
山陽新聞、読売新聞は、当会主体となって新聞社と契約し掲載
それ以外は、現地の有志の賛同者や団体の方が契約し掲載
沖縄に関しては、デザイン、署名ページも独自のもので、こちらは、広告の文面などをサポート。

一般社団法人市民審議会　https://www.c-shingikai.com/

私たちの未来を
奪わないでください
子どもたちへの
新型コロナワクチン接種の
停止を求めます
COVID-19
“後悔しないために”
QRコードを今すぐ確認
https://www.c-shingikai.com/post/no-vaccines
岡山　感染対策　市民審議会
検索
「子どもを助けて」8万人の署名。
新型コロナワクチンは、遺伝子改変技術を用いた製剤であり、人類に対して今まで使用されたことがありません。中長期的なリスクも定かではない中、成長途上にある子どもたちにまで国によるワクチン接種事業が続き、重篤な副反応報告が相次いでいます。未知のワクチンから子どもたちを守りたいと思う声、ワクチンが怖いという素直な声は、8万人を超える署名となりました。（オンライン署名 VOICE ～ 2021/12/31）
どうかこの声を無視しないでください。子どもを最終的に守れるのは保護者だけなのですから。
本当に必要ですか？そのワクチン
子どもたちは
コロナで重症化しにくい
20歳未満では新型コロナにおける重症者、死亡者も非常に少ないです。接種後の死亡や重態、副反応が多い今回のワクチンを未成年に対して接種するメリットはあるのでしょうか？
新型コロナワクチンの
感染予防効果は不明です
厚労省からの通達でも、ワクチンは発症予防や重症化予防を目的にして接種するものであり、周囲への感染予防を目的に接種するものではないと明記されています。
岡山・倉敷新型コロナウイルス感染対策市民審議会

＜著者＞

原口真一

栃木県出身。公立学校教員として 35 年間勤務。最後の 4 年間は学校経営に携わるが、コロナ禍では感染症への対応に追われる中で、学びの質の低下を押さえるための取り組みに注力した。
映画「夢見る校長先生～子どもファーストな公立学校の作り方～」に出演。全国で教育に関する多数のシンポジウムや講演会に招かれ、現場経験を踏まえたリアリティのある、かつ誠実な言葉の数々は、子どもに関わる全ての大人にとって明るい道標となっている。

＜監修＞

堀内有加里 （旧姓：上島）

博士（臨床薬学）　専門分野　医薬品情報学／薬剤疫学
北海道出身
１９９２年　札幌南高校卒
１９９８年　東京理科大学薬学部薬学科卒
２０００年　東京理科大学大学院薬学研究科　修士課程修了
２００３年　千葉大学大学院薬学研究科　博士過程修了

【職歴】

・東京大学大学院医学系研究科　薬剤疫学講座 研究員/教務補佐（2017年まで）
・東京大学大学院医学系研究科　生物統計情報講座　研究員（2017～2018年）
・ＮＰＯ日本医薬品安全性研究ユニット プロジェクトマネージャー（2018年まで）
・２０２３年より東京理科大学薬学部客員研究員

【書籍（共著）】

・薬剤疫学の基礎と実践（ライフサイエンス出版）
・医薬品安全性監視入門（株式会社　じほう）

なぜコロナ禍でもマスク自由を推奨したのか
～校長・教員の安心が学校を支える～

2024年1月31日　初版発行

著者　原口真一

監修　堀内有加里（旧姓：上島）

装丁　西田美穂

発行者　千葉慎也

発行所　合同会社 AmazingAdventure
（東京本社）　東京都中央区日本橋3－2－14
新槇町ビル別館第一 2階
（発行所）　三重県四日市市あかつき台1－2－208
電話　050－3575－2199
E-mail　info@amazing-adventure.net
http://www.amazing-adventure.net/

発売元　星雲社（共同出版社・流通責任出版社）
〒112-0005 東京都文京区水道1-3-30
電話　03-3868-3275

印刷・製本　シナノ書籍印刷

ISBN978-4-434-33405-4　C0037